모바일 동영상 마케팅

모바일 동영상 마케팅

경호빈 지음

프레너미
FRENEMY PUBLISHING

동영상 콘텐츠 마케팅이라고 하면 가장 먼저 떠오르는 것이 TV광고일 것이다. TV광고는 가장 오래된 동영상 형태의 마케팅 방법으로서 일반 소비자들에게 친근한 매체인 까닭이다. 사실 2000년대 초반까지만 해도 동영상 콘텐츠는 TV 이외의 다른 매체에서 효과를 보기가 어려웠다. 당시에는 스마트폰도 존재하지 않았고 네트워크 인프라도 지금처럼 안정적이지 않았기 때문이다.

이제 상황이 매우 달라졌다. 무엇보다 PC, 스마트폰, 태블릿 등 동영상을 소화할 수 있는 기기들이 다양해졌다. 뿐만 아니라 이 기기들이 LTE, Wi-Fi 같은 네트워크, 그리고 고화질 동영상 압축기술을 만나면서 '언제 어디서나' 동영상을 소비할 수 있도록 기반을 확실하게 마련해주었다. 특히 모바일 영역에서 이런 기기와 네트워크 기술의 발전은 1인 동영상 소비, 더 나아가 1인 동영상 생산과 배포를 가능하게 하는 데 크게 기여했다. 이런 기반 위에 태어날 때부터 영상을 소비한 세대들의 니즈가 더해지면서 콘텐츠의 소비영역이 텍스트에서 이미지로, 이미지에서 동영상으로 넘어가고 있다.

게다가 이제 사람들은 동영상을 보기 위해 오랜 시간을 기다려서 다운로드를 받는다거나 TV나 PC를 켜는 번거로운 과정을 거치지 않고, 모바일에서 곧바로 동영상을 활용하고 소비함으로써 이전처럼 동영상 콘텐츠를 무겁게 받아들이지 않는다. 화면이 작으니 동영상을 소비하는 데 한계가 있지 않겠느냐는 의문이 제기되기도 하지만 오히려 사용자들은 '개인 동영상 소비'라는 이점에 익숙하다. 게다가 대형 화면이 필요할 경우 스마트폰의 화면을 미라캐스트/크롬캐스트와 같이 무선으로 대형 모니터나 TV 등에 연결해서 보는 동영상 소비 플랫폼의 역전현상까지 불러왔다. IoT(internet of things, 사물인터넷)가 좀 더 본격화되어 모바일 디바이스를 통하거나 또는 직접적으로 IoT 기기를 활용하게 된다면 동영상은 플랫폼의 제약이 없는 거대한 콘텐츠 소비 트렌드로 자리 잡게 될 것이다.

동영상 마케팅, 특히 모바일 동영상 마케팅이 중요한 이유가 여기에 있다. 동영상 마케팅은 '디지털 콘텐츠 마케팅' 활동이 대세가 되어가는 시장환경에서 핵심적 수단이다. 실제로 최근 '디지털 콘텐츠'를 이야기할 때 가장 먼저 들 수 있는 콘텐츠 형태는 동영상이다. 마케터로서 개인의 콘텐츠 소비라는 관점, 개인화를 통한 마케팅 활동을 전개하는 것이 보다 더 정확한 타깃에게 정확한 콘텐츠를 제공할 수 있다는 점을 생각하면 모바일 동영상 콘텐츠 소비를 고려해야 한다. 개인이 어떠한 동영상을 소비하는지 보다 명확하게 알 수 있는 기기는 모바일이므로 이를 고려할 필요가 있는 것이다.

이 책에서 다루고자 하는 것은 다음의 두 가지로 압축된다.

첫째, 동영상의 콘텐츠 채널화 전략이다. 이제 동영상 콘텐츠 마케팅은 15초, 30초짜리 높은 품질의 TV 광고를 만들어서 이리저리 닥치는 대로 매체에 걸어대는 것으로는 안 된다. 이 책에서는 어떠한 콘텐츠를 어떤 방식으로 구성해서 누구에게 무슨 매체를 통해서 어필할 것인지, 그렇게 어필한 콘텐츠를 바탕으로 다른 콘텐츠들을 어떻게 소비하게 만들 것인지, 그리고 브랜드의 친밀도나 충성도를 어떻게 이어나갈 것인지에 대한 전략적 방향을 제시하고자 한다.

물론 여기서 제시하는 방향이 반드시 맞는 것도, 모든 시대와 세대를 꿰뚫는 것도 아닐 것이다. 하지만 좀 더 효과적인 마케팅을 하기 위해서는 콘텐츠의 채널화 전략의 접근은 반드시 필요하다. 이러한 고도의 채널화 전략 없이 동영상 콘텐츠를 만들어서 마구 뿌린다면 불필요한 매체의 과도한 투입, 브랜드의 친밀도보다는 단순한 동영상 소재의 히트(그리고 그걸로 종료되는 캠페인)로 인한 캠페인 목적 달성의 어려움, 영상 제작비용의 상승 등으로 이어지게 된다. 따라서 효율적 디지털 마케팅을 위해서는 당연히 동영상에서도 효율성을 따져야 하며, 그 효율성은 콘텐츠의 채널 전략에서 나온다는 것이 이 책의 논지다.

둘째, 동영상의 배포 전략이다. 이 부분은 동영상 콘텐츠의 성격, 캠페인의 목적, 브랜드의 특성 등에 따라서 다소 다르게 나타날 수 있으나 기본적으로 통하는 전략적 접근 방향성이 있다. 이런 전략적 접근 방향성을 좀 더 탐구하기 위해서는 어떠한 배포 채널, 즉 어떤 매체가 존재하고 있으며 그 효율은 어떻게 나타나고 어떤 장점과 한계점이 있는 지 등 다각도에서 검토해야 한다. 아직 동영상을 자유롭고 효과적으로 배포 및 유통할 수 있는 매체가 의외로 적은 실정이지만, 캠페인

의 목적과 브랜드에 맞춘 효율적인 매체 분배에 대해서 분석해보고자
한다.

1

왜 동영상인가?
그것도 왜
디지털 동영상인가?

동영상 콘텐츠의 임팩트

　사실 '왜 동영상인가?'에 대해서 구체적으로 설명하기는 어려울 수 있다. 사람마다 취향이 다르고 잘 받아들이는 콘텐츠의 성향이 다를 뿐만 아니라, 콘텐츠의 특성이나 메시지의 방향에 따라서 전달하고자 하는 매개가 달라질 수 있기 때문이다.

　텍스트 콘텐츠는 가장 오래된 형식으로서 쓰고 지우고 수정하는 것이 쉽고 빠르며 한 사람이 제작해내는 데 큰 어려움이 없다. 또한 디지털이든 아날로그든 메시지를 전달하는 방식도 가장 간단하다. 디지털의 경우 할애하는 용량도 얼마 되지 않기 때문에 활용하기에 쉬울뿐더러 가장 분명하게 메시지를 전달할 수 있다. 반면 이미지나 동영상의 경우에는 텍스트보다 더 많은 노고를 수반한다. 물론 퀄리티나 표현방법, 방향성, 용량, 제작의 난이도 측면에서 많은 차이가 있긴 하지만 어쨌든 텍스트보다 더 많은 노력이 들어가는 것은 부정하기 어렵다. 그렇다고 글로 쓰는 것이 쉬운 과정이라고 단정지을 수는 없다. 글로 쓸 때에는 정말 효과적인 전달을 위해서 수없이 다듬어야 하기 때문이다.

　음성의 경우에는 텍스트로 표현된 것을 보다 쉽고 빠르게 전달할 수 있다. 여기에는 텍스트로 메시지를 전달하는 능력과 더불어 음성으로 정리하는 능력, 이것을 표현할 수 있는 능력이 추가된다. 인류는 텍스트로 메시지를 전달하기 훨씬 오래전부터 음성 전달방식을 사용해왔지만, 디지털 시대에서는 텍스트보다 더디게 발전되었다. 디지털로 음성을 전달하여 메시지를 전파하는 것은 기존의 전화나 라디오가 해오던 부분을 거의 그대로 답습했다.

이미지는 전달하고자 하는 메시지의 '재해석' 과정이 필요한 매체이다. 사진이든 그림이든 이미지 안에는 제작자의 의도와 현상에 대한 관점이 전제되어 있다. 그래서 이미지를 제작할 때는 의도가 명확하게 전달되는가를 항상 염두에 두어야 한다.

디지털 시대가 진행되면서 이미지의 제작과 기법 측면에서 많은 발전이 있어왔다. 의도에 따라서 이미지를 변형시키기도 하고 다양하게 표현할 수 있게 되면서 다양하고 복잡한 메시지를 한 장의 이미지로 설명하는 게 가능해졌다. 이러한 형태는 정보가 범람하는 디지털 시대에 있어 적합한 표현방법으로 자리 잡았다. 텍스트나 음성으로는 전달되기 어렵거나 복잡한 내용을 이미지를 통해서 쉽게 전달할 수 있게 된 것이다.

심지어 이미지는 텍스트의 메시지를 보다 확장하거나 강조하는 역할을 담당하기도 한다. 점점 정보가 많아지는 상황에서 특정한 정보나 느낌을 전달하기 위해서는 이미지를 사용해 자신의 메시지를 강조하는 것이 매우 중요하게 여겨지게 되었다. 이 추세는 지금까지도 계속

그림1 ▶

뤼미에르 형제의
'열차의 도착'을 본 당시 사람들은
기차가 오는 화면에 놀라서
도망치거나 소리를 지르기도 했다.

http://goo.gl/hUYHTn
Arrival of a train
at la Ciotat

출처: Hugo and the History of the Movies Part 3, http://bplusmovieblog.com/2012/03/07/
hugo–and–the–history–of–the–movies–part–iii/

이어져오고 있으며, 흔히 '밈meme'으로 불리는 이미지와 텍스트의 결합형 콘텐츠들을 보면 이미지가 텍스트 메시지의 느낌을 얼마나 잘 강조하고 있는지를 알 수 있을 것이다.

동영상은 이들 중에서 가장 발전이 느리지만 가장 전달효과가 강한 매체라고 할 수 있다. 그 이유는 우리가 사는 이 세상 자체가 정靜의 공간이 아니라 역동적이며 계속해서 시간의 흐름에 따라 변화하고 있기 때문이다. 동영상은 텍스트나 이미지와는 달리 동動적일 뿐만 아니라 시간의 흐름을 녹여내 메시지를 전달할 수 있어서 보다 강력한 메시지 전달이 가능하다. 또한 동영상은 편집을 통한 변형 혹은 왜곡이 가능해 전달하고자 하는 메시지의 효과를 극대화할 수 있다는 강점을 지닌다.

영화나 드라마를 보면 서사구조를 거꾸로 가져가거나, 시간의 흐름이나 공간적 일체성을 왜곡하거나, 화면의 각도나 방향을 조정함으로써 보는 사람의 감각에 변화를 일으키는 경우가 종종 있다. 이것이 바로 왜곡을 통한 메시지의 전달방식이다. 1895년 뤼미에르 형제가 만든 '열차의 도착Arrivee dun train a la ciotat'이라는 동영상은 그들이 의도하든 의도하지 않았든 촬영된 화면의 각도 때문에 사람들이 실제 열차가 들어온다고 생각하고 놀라서 극장을 뛰쳐나가기도 했다고 하니, 동영상의 메시지 전달력이 얼마나 강력한지 알 수 있다. 그림1

시대와 인프라의 변화

　그러나 동영상은 우리가 사용하는 메시지 전달매체 가운데 제작이나 전달방식에서 가장 어려운 형태이다. 동영상을 제작하기 위해 필요한 요소가 너무나도 많기 때문이다. 이미지를 만들기 위해 필요한 거의 모든 요소와 더불어 음성의 요소들도 거의 대부분 필요할 뿐만 아니라 움직이는 영상을 제작하기 위한 기기라든가 피사체의 동작이 추가되어야 한다. 또한 '편집'이라는 과정이 들어가면서 어떻게 편집하느냐에 따라 완전히 보여지는 메시지가 달라지게 된다. 그러다 보니 동영상 제작에는 많은 전문인력과 기기가 투여되며 그만큼 제작비용이 많이 들어가게 된다.

　뿐만 아니라 동영상을 실어 보낼 수 있는 매개체가 극히 제한적이었던 때에는 동영상을 배포한다는 것 자체가 커다란 난점이었다. 많은 제작비와 시간을 들여 동영상을 만들었다고 해도 그것을 보려면 다시 필름을 현상하고 영사기에 넣고 돌려야만 했기 때문이다. 그래서 많은 사람들이 한곳에 모여서 동영상을 보는 극장의 형태가 발전했고, 동영상의 제작과 배포는 특정한 사람들이 특정한 공간에서만 할 수 있는 독특한 콘텐츠로 여겨졌다. TV가 보급되면서 이러한 공공 공간은 차츰 각 가정의 안방으로 들어와 꼭 극장에 가지 않더라도 TV수상기 앞에만 앉으면 누구든 동영상 콘텐츠를 즐길 수 있게 되었다. 하지만 이 시대에도 전파가 필요하고 제작을 위해서 수많은 인력과 스튜디오, 전문 방송용 카메라 장비들이 필요하기에 아무나 제작해서 내보낼 수 있는 것은 아니었다.

이 시대가 한동안 지속되었고 동영상은 TV나 극장이란 미디어에 오랜 세월 갇혀 있었다. 조금씩 제작기기는 필름에서 테이프로 소형화되고 저렴해졌지만 동영상을 볼 수 있는 장비들은 오랜 세월을 거치며 발전이 더디게 이루어졌다.

이러한 과거 상황에서는 퀄리티가 높고 잘 짜인 각본을 가진 영상을 소비하는 것이 일반적이었다. 그러다 보니 광고 분야에서도 우리나라 TV 광고의 전성기 시절인 1980년대 초반에서 90년대 중후반까지의 영상물은 높은 퀄리티와 영화 같은 구성, 유명인이나 배우의 효과Celebrity endorsement에 의존하는 경향이 강했다. 그림2 특히 우리나라에서 그런 현상은 하나의 커다란 트렌드를 형성했다. 누구를 섭외하느냐, 얼마나 높은 퀄리티의 광고를 내보내느냐, 얼마나 매체를 많이 사서 뿌리느냐가 광고효과에 있어 무척 중요했다. 영상의 소비패턴이 거의 모든 사람들이 유사했기 때문에 다양성보다는 정해진 척도에서 누가 더 많은 것을 해냈는지, 누가 조금 더 특이했는지의 차이 정도만 있을 뿐이었다.

그러다 보니 저마다 섭외경쟁이 치열해지고 누가 더 우리 제품을 잘

그림2 ▶

1989년을 강타했던 롯데칠성음료의
밀키스 광고. 이 광고의 히트로 이후
왕조현, 장국영 등 홍콩 배우들을
광고에 섭외하고 어설픈 한국말을
하는 콘셉트가 잠시 유행하기도 했다.

출처: https://www.youtube.com/watch?v=KpTORs8SkCA

팔 수 있는 모델인지, 어떤 연출감독이 어떤 영상을 더 잘 구성해내는지, 어떤 카메라 감독과 조명감독이 배우를 더 예쁘고 멋있게 나오도록 하는지가 동영상을 활용한 마케팅 활동의 척도였다. 그래서인지 그 당시의 영상을 보면 매우 다이내믹한 구성이 많고 출연 배우의 영향력에 따라서 성패가 좌우되는 경우가 빈번했다. 그림3 동영상으로 광고를 제작하는 사람들에게 최고의 전성기가 아니었는가 생각된다.

이러한 동영상 콘텐츠 소비성향은 한동안 계속되었는데, 이는 동영상을 시청할 수 있는 기술적/환경적 배경이 제한적이었기 때문이다. 2000년 초 디지털 시대가 열렸다고는 하지만 여전히 동영상의 용량은 PC로 처리하기에도 버거운 수준이었으며, 인터넷 속도는 그다지 원활하지 않았다. 용량뿐만 아니라 기기 자체도 동영상을 처리하기에는 버거웠다. 따라서 동영상의 생산과 소비는 TV나 극장과 관련된 분야의 전유물처럼 여겨졌다. 오로지 어떻게 15초 혹은 30초 안에 차별화된 것을 보여줄 것인가, 어떻게 더 멋진 화면을 보여줄 것인가를 고민하는 시대가 이어졌다.

하지만 인터넷 속도가 빨라지고 대역폭이 넓어지면서 동영상의 제작과 소비 측면에서 변화의 바람이 불기 시작했다. 높은 품질의 동영상을 구동할 수 있는 PC, 렌즈 등 광학기기의 발달, 동영상 압축 등 디지털 기술의 발전, 파일 형태의 간편하고 빠른 유통을 통해서 보다 많은 사람들이 비교적 다양한 공간에서 동영상을 제작하고 소비할 수 있는 기틀이 마련된 것이다. 웹캠과 실시간 스트리밍 기술의 발전은 '개

그림3 ▶

1999년 대히트를 기록한
삼성 마이젯 프린터 광고, 배우
전지현의 의존도가 매우 높았다.

http://goo.gl/lk7Ff4
삼성 마이젯 전지현

인방송' 시대를 열어갔고, 핸디캠 등을 통해서 '1인 동영상 제작-소비'의 시대가 되어갔다. 또한 동영상 전문 서비스인 유튜브가 구글에 인수되면서 향후 시장이 동영상으로 흘러갈 것이라는 예견을 보편화시켰다. 국내에서도 다양한 동영상 사업자들이 경쟁과 출현, 몰락을 반복하면서 자리를 잡아가기 시작했다. 이렇게 생산과 소비가 편해지기는 했지만 이때만 해도 여전히 동영상 제작에는 특정 기술과 장비가 필요했다.

이 같은 변화의 물결은 스마트폰이 등장하고 모든 사람이 모바일 기기를 들고 다니는 세상이 되면서 '만인에 의한 제작-소비 시대'를 활짝 열었다. 이제 대한민국의 상당수의 사람들이 동영상 촬영/편집기기를 들고 다니고 있다고 말할 수 있다. 휴대전화를 열어서 카메라 앱을 구동시키고 동영상 모드로 촬영하면 누구나 동영상 제작자가 된다. 동영상 편집 앱이나 OS에서 제공하는 편집 툴을 활용해서 편집하고 그 영상을 SNS나 동영상 사이트 등에 올리면 곧바로 동영상 유통자가 된다. 스마트폰에서 유튜브나 페이스북을 열면 언제 어디서나 동영상을 즐길 수 있다. 이제 동영상은 어려운 전문 분야가 아니라 쉽고 재미있는 오락이 된 것이다. 사진기술의 발전이 사진을 개인화시켰듯, 동영상 기술의 발전은 동영상을 개인의 것으로 만들었다.

디지털 동영상 광고가 TV 광고보다 효과가 높다?

　동영상 광고 자체가 효과가 높다는 사실은 경험적으로도 알 수 있다. 아무래도 단순히 지나가면서 보는 배너 광고보다는 움직이고 소리가 들리는, 즉 인간의 시청각을 최대한 자극하는 광고가 기억에 오래 남을 수밖에 없다는 것은 너무나도 당연하다. 그렇다면 비디오 광고가 브랜드를 떠올리는 데 어느 정도나 작용을 할 수 있을까? 동영상 광고 플랫폼을 운영하고 있는 YuMe의 조사결과에 따르면, 배너 광고보다 동영상 광고가 브랜드 상기도Recall에서 최대 3.5배 높으며 광고제품 구매의향도 2.1배가량 높다고 한다. 그림4

　이와 유사한 결과는 많은 연구에서 찾아볼 수 있는데, 심지어 일반적인 TV 광고보다 온라인 비디오 광고가 더 효과적이라는 재미있는 조사도 있다. 닐슨의 연구결과*에 따르면, 동일한 TV쇼를 시청하고 그에 따른 동영상 광고를 시청하더라도 온라인 비디오 광고를 포함해서 본

* IAB/Nielsen (2012) A Comprehensive Picture of Digital Video and TV Advertising: Viewing, Budget Share Shift and Effectiveness, http://www.iab.net/media/file/Digital-Video-and-TV-Advertising-Viewing-Budget-Share-Shift-and-Effectiveness-FINAL.pdf

그림4 ▶

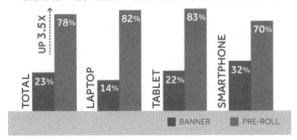

배너와 비디오 광고의
브랜드 리콜 차이

2.5x higher favorability
2.2x higher brand association & engagement
2.1x higher intent to purchase advertised product

BRAND RECALL BY DEVICE & CONTENT TYPE

출처: http://www.yume.com/whatmatters/03, YuMe—Decipher_Infographic

시청자들이 TV를 통해서 광고를 접한 시청자들에 비해서 브랜드 상기
도는 85%, 메시지 상기도는 100%, 선호도는 87%에 이를 정도로 더 효
과가 높았던 것으로 조사되었다. 그림5 이는 동일한 콘텐츠를 똑같이 동
영상 광고형태로 접한다 하더라도 어떠한 플랫폼에서 접했는지에 따
라 이용자들의 몰입도가 다르며, 이에 따라 광고효과도 크게 차이가
난다는 것을 보여주었다. 특히 온라인 동영상 광고가 전반적인 상기도
측면에서 TV 광고보다 월등하게 높게 나온다는 사실은 디지털 광고보
다 전통적 미디어 광고가 효과 면에서는 월등하다고 주장하던 기존의

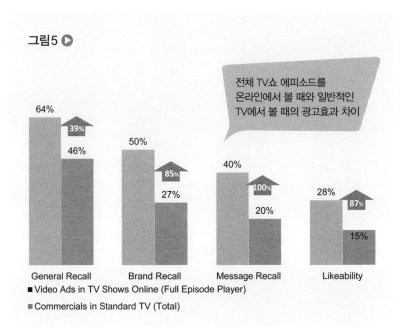

그림5 ▶

전체 TV쇼 에피소드를
온라인에서 볼 때와 일반적인
TV에서 볼 때의 광고효과 차이

64%
39%
46%

50%
85%
27%

40%
100%
20%

28%
87%
15%

General Recall　　　Brand Recall　　　Message Recall　　　Likeability
■ Video Ads in TV Shows Online (Full Episode Player)
■ Commercials in Standard TV (Total)

출처: IAB / Nielsen (2012) A Comprehensive Picture of Digital Video and TV Advertising:Viewing,
Budget Share Shift and Effectiveness, http://www.iab.net/media/file/Digital-Video-and-TV-
Advertising-Viewing-Budget-Share-Shift-and-Effectiveness-FINAL.pdf)

광고인들의 자존심에 상처를 입혔다. 동영상 광고의 효과 측면에서도
디지털이 더욱 앞서 나가게 된 것이다.

　더군다나 점차 디지털 동영상이 TV의 영역으로 들어오면서 TV를 시
청하지 않는 사람들이 늘고 있다. 이제 더 이상 TV수상기에 얽매일 필
요가 없고 TV는 개인별 콘텐츠 소비행태를 반영하지 못하므로 점차 사
라져갈 것이라는 예측이 여기저기서 나타나고 있다. 《월스트리트 저
널》기사에 실린 한 삽화를 보자. 분명히 가정에 TV는 나오고 있지만

그림6 ▶

> 이제 TV를 보는 것은 다양한 미디어 가운데 하나를 소비하는 행위일 뿐이다. TV를 주요 미디어로 소비하는 건 강아지밖에 남지 않을 것이라는 걸 표현한 《월스트리트 저널》의 삽화

출처: Rosman, Katherine (Oct. 8, 2013). "In Digital Era, What Does 'Watching TV' Even Mean?". The Wall Street Journal. http://www.wsj.com/articles/SB10001424052702303442004579123423303797850

사람들은 그 누구도 TV를 보지 않는다. 가족들은 저마다 랩탑, 스마트폰, 태블릿 PC 등으로 자신들이 원하는 콘텐츠를 소비하고 있고, 오로지 강아지 한 마리만 TV를 보고 있는 재미있는 장면이다. 그림6 이 장면은 극단적이고 풍자적으로 표현하기는 했지만, 점점 TV로 콘텐츠를 소비하는 층이 사라져가고 있다는 것을 잘 보여주고 있다.

TV를 통해서 콘텐츠를 접하더라도 그 내용에 대해 보다 자세한 콘텐츠 소비나 다른 콘텐츠로의 연결은 TV에서 절대 이루어지지 않는다. 이러한 시대일진대, TV 광고보다 온라인 동영상 광고가 훨씬 더 효율적이라는 연구결과는 어쩌면 너무나도 당연한 결과일지 모르겠다.

디지털 동영상은 TV를 대체하면서도 보완한다

디지털 동영상은 TV의 영역을 침범해서 그들의 시청자를 빼앗아 오고 있다. 양으로 보나 질로 보나 앞으로는 전통적인 TV에게는 미래가 없을 것 같은 느낌마저 든다. 젊은 세대는 이제 더 이상 TV를 가장 중요한 매체라고 생각하지 않는다. 방송통신위원회의 조사결과*에 따르면, 10~30대의 경우 스마트폰이 가장 중요한 매체라고 답한 비율이 59.1~69.0%에 이르며, TV가 가장 중요하다고 답한 비율이 50%를 넘는 세대는 50대 이상뿐이었다. 그림7 이 같은 결과는 TV의 앞날을 매우 암담하게 만드는 데 일조한다. 같은 조사에서 10대는 주 5일 이상 스마트폰을 쓰는 비율이 88.9%에 이르지만, TV를 주 5일 이상 소비하는 비율은 50.2%로 상대적으로 낮았다.

뿐만 아니라 일주일에 하루 이상 스마트폰으로 TV 프로그램을 보는 비율도 날이 갈수록 높아지고 있다. 그림8 IAB의 조사**에 따르면, 모

---

* 방송통신위원회(2014), 2014 방송매체 이용행태 조사
** IAB(2015) IAB Research/Mobile Video Usage, A Global Perspective, http://www.iab.net/mobilevideousage

그림7 ▶

이제 10~30대에게 TV는 그다지 중요한 매체가 아니다. 그 자리가 이미 스마트폰으로 넘어간 지 오래다.

▪ 연령별 일상생활에서 필수적인 매체

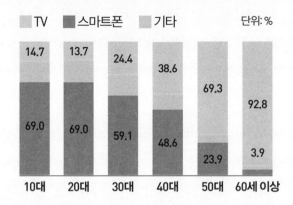

출처: 방송통신위원회 (2014), 2014 방송매체 이용행태 조사

그림8 ▶

▪ 1주일에 하루 이상 스마트폰으로 TV 프로그램을 보는 비율

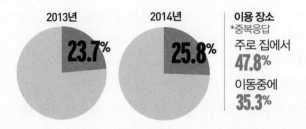

바일 기기를 통해서 5분 이상의 긴 동영상을 매일 시청하는 사용자가 36%에 이른다고 한다. 이는 스마트폰으로 단순히 짧은 영상만 보고 넘어가는 것이 아니라 영화관과 TV가 해왔던 역할을 점차 스마트폰이 대신하고 있다는 것을 의미한다. 같은 자료를 보면 TV 시청률은 점차 감소하고, 22%의 사용자가 TV를 시청하는 중에도 동시에 스마트폰으로 동영상을 시청한다고 한다. 이는 점점 TV의 입지가 좁아지고 있음을 말해준다. TV 프로그램은 이제 'TV' 프로그램으로서의 가치가 있다기보다는 '콘텐츠'로서의 가치만 남고 TV라는 이름이 조금씩 떨어져 나갈 것이다.

TV를 시청하면서 다른 매체를 이용하는 비율, 특히 스마트폰을 이용하는 비율은 해가 갈수록 큰 폭으로 높아지고 있다.그림9 즉 TV 매체는 프로그램이나 광고에 대한 몰입도가 상대적으로 점차 낮아지고 있다는 것을 의미하며, 여전히 많이 이용하는 매체이기는 하겠지만 예전만큼 TV 콘텐츠의 파급력이나 광고의 효율이 높지 않음을 시사한다.

혹시 보완적인 기능을 찾아볼 수 없을까 하는 생각이 들기도 하는데, TV 시청 중 타 매체를 이용하는 이유 가운데 17.1%를 차지한 '다양한 정보를 검색하고 싶어서'라는 부분은 하나의 힌트가 되기도 한다.그림10 TV는 일방적으로 콘텐츠를 뿌리는 매체이기 때문에 상호작용을 할 수 없고, 시청자들의 관심사나 콘텐츠 이용의 확장 경로로 스마트폰을 이용하는 경우가 제법 있다고 보이기 때문이다. 즉 정해진 시간 내에 단편적인 정보와 콘텐트만을 보여줄 수 있는 TV의 단점을 보다 상호보완

적으로 스마트폰이 대체하면서 동영상 콘텐츠 소비를 보다 확대해 나
갈 수 있다는 뜻이다.

이러한 새로운 시도가 방송가에서도 점차 프로그램 형식으로 퍼져
나가고 있는 것이 눈에 띈다. 최근 가장 극적인 변화를 보인 프로그램
이 있었는데, MBC의 '마이 리틀 텔레비전'이라는 프로그램이 그것이
다. 그림11 그림12

이 프로그램의 핵심적인 차이점은 온라인 생방송과 TV 녹화방송의
차이점과 활용도를 극대화한 것이라고 볼 수 있다. 먼저 프로그램 진
행자는 각 방송마다 하나씩이지만 프로그램 내에서는 6개의 방송이 서
로 시청률 경쟁을 한다. 그리고 각 방송은 온라인 실시간 스트리밍 방
송 플랫폼인 '다음TV팟'에 실시간으로 방송이 나가게 되며, 이 모든 과
정은 TV용으로 다시 녹화된다. 결국 온라인 스트리밍 방송 시청자들
은 본방송이 나가기 전에 이미 그 방송을 보고 실시간으로 방송에 대
한 피드백을 주는 것이다. 이런 피드백은 TV 방송용으로 편집될 때 적
극적으로 활용돼서 작가나 PD가 해야 하는 역할의 일부를 온라인 시
청자들에게 부여한다. 그리고 TV 방송용으로 편집된 콘텐츠가 정규 방
송시간에 TV에서 나가게 되며, 그 TV에서는 '미공개 영상'과 같은 온라
인에서의 콘텐츠를 다시 소비할 수 있도록 유도한다.

이 프로그램은 가장 적극적으로 온라인의 동영상 소비행태와 TV 콘
텐츠의 경계선에서, 온라인 생방송인 라이브 스트리밍 서비스를 통해
나간 콘텐츠를 편집해 TV에 맞춰서 옮겼고, 온라인에서만 이루어질 수

그림9 ▶

▪TV 시청 중 타 매체 동시 이용

● 2012 ● 2013 ● 2014

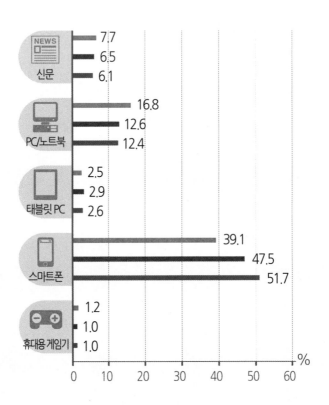

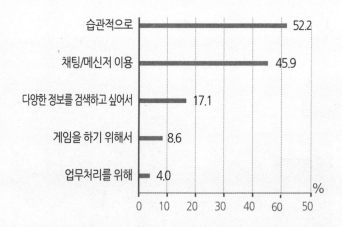

그림10 ▶

TV와 스마트폰은 서로의 콘텐츠 소비를 보완해주는 역할을 하기도 한다. TV를 사용하면서 TV와 관련된 콘텐트로의 확장/전이가 온라인에서 일어나는 경우도 많이 있다.

▪ **TV 시청 중 타 매체 동시 이용 이유(중복응답)**

습관적으로 — 52.2

채팅/메신저 이용 — 45.9

다양한 정보를 검색하고 싶어서 — 17.1

게임을 하기 위해서 — 8.6

업무처리를 위해 — 4.0

%

0   10   20   30   40   50

출처: 방송통신위원회 (2014), 2014 방송매체 이용행태 조사

그림11 ▶

'마이 리틀 텔레비전'은 온라인 생방송과 TV 녹화방송의 특징을 잘 아울렀다. '시청자 반응'을 콘텐츠에 녹여내고 다시 미공개 영상 시청을 유도함으로써 콘텐츠 소비의 선순환 구조를 만들었다.

| 온라인 생방송 | → | 실시간 시청자 반응 수렴 | → | TV 방송용 편집 (시청자 반응 자막처리) | → | TV 방송 | → | 미공개 영상 공개 |

| 다음 TV팟(온라인) | TV | 다음 TV팟 (온라인) |

그림12 ▶

파일럿으로 시작했던 이 프로그램은 시청자들의 높은 반응을 기반으로 정규 방송으로 편성되기도 했다.

출처: MBC 마이 리틀 텔레비전

있는 상호작용을 TV상에 잘 녹여냈으며, 이를 본 시청자들을 다시 온라인으로 유도해 미공개 영상 등 TV에 담지 못했던 콘텐츠의 소비를 추가적으로 잘 이루어냈다. 단순히 TV를 통한 시청자와의 대화를 선택한 것이 아니라, 온라인 생방송의 특성을 TV 포맷에 잘 맞춰서 반영한 지금 세대에 아주 잘 맞는 콘텐츠 형식이라고 할 수 있을 것이다.

이처럼 디지털 동영상 콘텐츠와 TV의 관계는 시대의 요구와 변화에 따라 점차 변해가고 있다. 디지털 동영상에 대해서 수동적인 태도를 보이던 TV도 이제는 적극적으로 요구사항을 받아들여서 보다 발전적인 올드미디어와 뉴미디어의 시너지 효과에 대해서 고민하고 있는 것이다. 이 이야기는 역설적으로 디지털 동영상 콘텐츠 소비행태가 더 이상 일부에서 일어나고 있는 간헐적인 활동이 아니라 매우 주도적인 흐름이라고 평가할 수 있는 근거를 제시한다. 더 이상 TV가 동영상 콘텐츠의 생산과 유통을 쥐고 흔드는 시대가 아님을 알리는 신호탄이라고 할 수 있다.

동영상 시청자 자체가 변해간다

이렇게 시대가 변화해 나가다 보니 사람들이 동영상 콘텐츠를 소비하는 태도나 방향성도 점차 바뀌어가고 있다. TV와 극장의 영상을 주로 소비하던 세대는 TV와 같이 높은 퀄리티의 영상이나 시나리오 등 동영상 콘텐츠에 대해 상당히 전문적이고 고난이도의 기술이 필요한 분야라고 생각해왔다. 이들은 또한 동영상의 소비도 규모와 퀄리티를 기준으로 선택했는데, 훌륭한 오디오/비디오 시스템을 갖추고 대형화면으로 영상물을 즐기면서 자신들이 생각하는 수준 이하의 동영상 콘텐츠를 무시하거나 소위 허접하다고 여기는 경향이 있었다.

하지만 인터넷과 스마트폰이 없는 세상은 알지도 못하는 'Z세대 Generation Z'*에게 동영상 콘텐츠는 그저 재미로 찍고 공유하고 편집해 재창조하는 또 하나의 놀이수단일 뿐이다. 이들은 심각하게 시스템을 갖추거나 기기를 가지고 동영상 콘텐츠를 생산하거나 소비하지 않는

---

* 일반적으로 1995년에서 2009년 사이에 태어난 세대로, X세대와 Y세대의 자녀 세대를 일컫는다. 이들은 인터넷과 스마트폰이 없는 세상을 경험해보지 못했기 때문에 그 이전 시대를 상상하지 못한다. 디지털을 태어나면서부터 경험한 세대이기에 디지털 네이티브Digital Natives라고도 불린다.

다. 그저 흘러가듯 콘텐츠를 소비한다. 쉽고 빠르게 옆에서 일어나는 일이나 방금 생각난 내용을 스마트폰으로 찍고 편집해서 친구들끼리 공유하고 낄낄대며 웃고, 그것을 유튜브 같은 동영상 사이트나 소셜미디어 채널에 올리고, 콘텐츠가 대박이 나면 스타가 되기도 한다. 이제 이들에게 동영상 콘텐츠는 누군가에 의해서 제작되고 특정한 기기 앞에서 소비되는 수동적인 콘텐츠가 아니라 적극적으로 제작, 참여, 개입하고 2차 제작을 손쉽게 거치는 능동적인 콘텐츠가 되었다.

우리의 시대상황이 이렇게 변했음에도 불구하고 아직 일부 시장과 마케터들은 동영상 콘텐츠에 대해 크게 착각하고 있다. 자신이 자라온 환경을 기반으로 생각하다 보니 동영상 콘텐츠를 만드는 일에 대해 너무 심각하게 생각하는 경향이 있는 것이다. 이들은 높은 퀄리티나 유명인의 등장이 담보되지 않으면 동영상을 만들 의미가 없다고 여기며, 마치 브랜드의 가치를 떨어뜨리는 것처럼 생각한다. 물론 높은 퀄리티와 유명인이 등장하는 동영상 콘텐츠는 여전히 효용가치가 높고 파급력이 강한 것이 사실이다. 하지만 하나의 동영상에 모든 힘을 다 쏟고 나면 동영상을 쉽게 소비하고 공유하는 세대에게는 어필할 수 없다는 점도 고민해야 할 항목이다.

다시 말해, 과거에는 TV를 통해 활용하고 채널도 적다 보니 소비할 수 있는 동영상 콘텐츠의 수에 한계가 있었기 때문에 훨씬 단순했다. 동영상을 특출하게 잘 제작하거나 그것을 볼 수 있는 인벤토리를 모두 점령해버리면, 그 동영상이 자연스럽게 사람들에게 잘 인지되어 자연스럽게 그 콘텐츠에 대해서 이야기하기 시작했다. 하지만 지금은 동영상을 소비할 수 있는 채널, 형태, 취향 모두 다양하게 반영된다. 이렇게 동영상이 범람하는 시대에서는 퀄리티가 높고 유명인이 나온 콘텐츠가 있다 하더라도 그때 반짝 소비될 뿐 지속성을 갖기는 매우 어렵다.

그렇다면 마케터들은 내 브랜드의 동영상을 조금이라도 더 시청자들의 기억에 오래 남게 하기 위해서, 동영상 소비가 내 브랜드의 소비로 이어지게 하기 위해서 현명한 선택을 해야만 한다. 시청자들에게 깊은 인상이나 충격, 재미, 반전 등 좀 더 큰 임팩트를 줌으로써 조금이라도 브랜드에 관심을 갖게 할 것인가? 아니면 다양한 콘텐츠를 제작하고 지속적인 동영상 커뮤니케이션을 통해서 브랜드에 대한 친근감을 갖게 하고 보다 브랜드에 대해 충성적인 태도를 갖게 할 것인가?

두 가지 모두 틀린 방법은 아니다. 어느 한쪽이 특별히 우월한 전략인 것도 아니다. 다만 트렌드를 보았을 때, 그리고 향후 동영상을 주로 소비하는 세대의 특성을 보았을 때, 점차 전략인 것은 후자, 즉 다양한 동영상 콘텐츠를 바탕으로 지속적인 커뮤니케이션을 이어 나가는 방법으로 가지 않을까 생각한다. 이 같은 판단의 근거를 다음과 같이 몇 가지로 요약할 수 있다.

디지털 동영상을 소비하는 세대의 특성

앞에서도 잠시 언급한 바와 같이 Z세대는 단순히 동영상 콘텐츠에 익숙한 세대일 뿐만 아니라 스마트폰과 이를 활용한 콘텐츠, 그리고 소셜미디어의 사용에 있어서 매우 적극적인 층이다. 또한 어떤 세대든 마찬가지로 경험하듯 20대에는 특히 많은 콘텐츠를 소비하고 콘텐츠에 대해 반응을 극적으로 나타내기도 한다. 여러 프로모션 활동을 해본 마케터라면 경험했겠지만, 실제 30대를 노린 이벤트나 프로모션 활동을 하게 되더라도 이상하리만큼 20대의 참여가 높은 것을 알 수 있다. 20대는 훨씬 더 참여에 있어서 능동적이고 적극적이다.

따라서 Z세대가 20대가 되는 2015년부터 그들이 어떤 방식으로 콘텐츠 소비에 참여하는지 알아둘 필요가 있다. 우리 브랜드는 어차피 나이가 어린 소비자층은 별로 상관없다고 생각될지라도 일반적으로 콘텐츠 소비경향은 나이가 높은 쪽에서 어린 쪽으로 따라가는 경향을 보이므로(나이가 많은 층은 어떻게든 젊어 보이고 싶은 것 같다), Z세대의 경향을 잘 따라가면 좀 더 나이 든 층에게도 동시에 어필하게 됨을 잊지 말아야 한다. 젊은 주부들이 인스타그램으로 옮겨가는 경향을 보이는 것은 인스타그램이 그들에게 쉬워서가 아니라, 젊고 어린 여성 사용자들이 인스타그램을 많이 쓰는 것을 알기 때문이다.

'비즈니스 인사이더'[*]에서 Z세대에 대한 특성을 축약해서 잘 설명해 놓았는데, 대략적으로 살펴보면 다음과 같다.

- 온라인으로 대화하는 것이 직접 대면해 대화하는 것보다 편하다고 생각한다.
- 인터넷 스타(특히 유튜브 스타)들을 좋아하고 동경한다.
- 많은 새로운 것들을 유튜브 비디오로부터 배우는 '자가 학습자'이다.
- 새롭고 재미있는 것이 나왔는데 알지 못하거나 자신들의 그룹이 아는 것을 자기가 알지 못하는 것에 대해 두려움을 갖고 있다(이를 'Fear of missing out: FOMO'라고 한다).
- 수동적인 정보수집 태도만을 보이는 것이 아니라 적극적으로 유튜브나 비디오 블로깅을 통해 자신을 표현하기도 한다.
- TV를 볼 때 항상 웹 서핑을 동시에 한다.
- 집중시간이 매우 짧고 잘 읽지 않거나 속독해버린다.
- 환경과 경제에 대한 불안감을 가지고 있으며 굉장히 현실적이다.

이러한 특징들을 보면 이 세대의 콘텐츠 소비습관을 확실하게 느낄 수 있다. 이러한 콘텐츠 소비습관을 대입해서 브랜드 콘텐츠에 시사하는 점, 그리고 추측할 수 있는 바를 요약하면 다음과 같다.

- 그들은 자신을 만족시키지 못하는 콘텐츠를 참지 않을 것이다.

● Business Insider (2015. 2. 12) "Everything you need to know about Generation Z", http://www.businessinsider.com/afp-generation-z-born-in-the-digital-age-2015-2

- 그러나 그들이 만족하는 콘텐츠라면 그것이 광고든 아니든 개의치 않을 것이다.

- 브랜드에 대해서 동영상과 소셜을 통해서 배울 것이다.

- 무엇을 하든 온라인에 계속 노출되어 있기 때문에 디지털을 활용한 다양한 경로로 콘텐츠를 보게 하는 것이 중요할 것이다.

- 자신이 공유했을 때 폭발적인 반응을 일으킬 수 있는 콘텐츠를 좋아할 것이다.

- 자신이 좋아하는 콘텐츠를 적극적으로 공유할 것이다.

- 자신의 의견이나 아이디어를 적극적으로 개진할 것이다.

- 콘텐츠의 중심은 글씨가 아니라 영상/동영상이 될 것이며, 글은 영상/동영상을 보조하는 역할을 할 것이다.

- 유튜브 스타의 영향력은 강해지고 일반적인 유명인의 영향력은 조금씩 약해질 것이다.

- 그들의 콘텐츠 소비의 중심 플랫폼은 스마트폰(모바일)이 될 것이다.

이렇게 특징을 적어놓고 보니 몇 가지 키워드와 트렌드를 읽을 수 있을 것 같다. '짧고', '재미있으며', '도움(정보)이 되는', '동영상 중심의' 콘텐츠가 점차 핵심 콘텐츠가 될 것이라는 점. 그 콘텐츠를 적극적으로 공유하고 이슈화할 수 있는 플랫폼을 다양하게 잘 활용해야 할 것이라는 점. 그리고 체인처럼 콘텐츠 간의 연결을 잘 고려해서 전체적인 콘텐츠 활용전략으로 접근해야 할 것이라는 점이다.

이러한 시사점을 기반으로 하여 어떠한 전략적인 방향성이 필요할지, 활용사례로는 어떤 것들이 있는지 본격적으로 풀어 나가보도록 하겠다.

디지털 콘텐츠를 만드는 사람들의 변화

동영상 콘텐츠를 소비하는 사람들이 디지털로 넘어오면서 많은 변화를 겪게 되었듯이, 디지털 동영상을 '생산'하는 사람들 역시 많은 변화가 있어왔다. 우리가 여기서 계속해서 짚어 나가겠지만, 생산자와 소비자의 경계가 모호할 뿐 아니라, Z세대가 동경하는 '1인 동영상 생산자(흔히 유튜버, Vlogger라 불리는)'가 스타로 떠오르게 되면서 많은 사람들의 동영상에 대한 인식과 접근방식이 달라졌다.

흔히 1인 동영상 생산자를 이야기할 때 나오는 예시는 1인 콘텐츠 창작자, 1인 방송 진행자이다. 그중에서도 가장 좋은 예는 '대도서관'일 것이다. 아프리카 BJ인 그는 게임방송 중계를 시작으로 특유의 재치와 입담으로 해당 업계에서 성공을 거두는가 싶더니 이제는 TV 광고에까지 등장하는 수준에 이르렀다. '대도서관'의 유튜브 광고수익은 한 달에 2~3천만원에 이를 정도이며, 여기에 자체제작 광고와 아프리카TV 별풍선 및 광고 등의 수익은 합산되어 있지 않다고 하니 실로 엄청난 수익*을 거두고 있다고 하겠다. 유튜브 고정 구독자가 110만명에 4억 뷰를 기록하는 그의 콘텐츠는 얼마나 특별한 것일까? 별 다른 기술이 들어간 것도 아니고 마이크 하나만 가지고 아마추어가 만든 콘텐츠가 도대체 어떤 특별한 가치를 만들어낼 수 있었던 것일까?

또 하나의 예를 들자면 '72초TV'가 있다. '72초TV'는 타 스튜디오와 비교했을 때, 열악한 제작환경에도 불구하고 빠른 호흡과 재미있는 스토리텔링을 섞어서 1분 남짓한 길이에 하고자 하는 말과 내용을 모두 압축해서 넣는다. 그들이 발행한 콘텐츠 중 어떤 콘텐츠는 호흡이 너무 빨라 따라가기 어려운 지경이지만, 많은 사람들이 이들의 도전과 실험에 박수를 보냈을 뿐만 아니라 각종 기업광고를 유치**하는 등 성공의 초석을 다지고 있다.

'대도서관'과 '72초TV'는 콘셉트와 다루는 콘텐츠의 내용, 주로 배포하는 채널에 이르기까지 정말 많은 점에서 차이가 나는데, 이들은 어떤 점에서 시청자들의 눈과 귀를 사로잡을 수 있었을까? 그것의 비밀은 짧고 직설적이고 강렬한 콘텐츠의 배포, 그리고 핵심만을 다루는 콘텐츠 전반의 구조에 있다. '대도서관'은 하나의 콘텐츠에서 하나의 게임에 집중하고, '72초TV'는 말하고자 하는 내용을 반복적으로 빠른 호흡을 통해 노출시켜서 사람들의 관심이 흩어지지 않도록 했다. 이런

* 《경향신문》(2015.11.22), 한 달 광고수익만 3000만원…1인 콘텐츠의 롤모델 '대도서관'을 만나다 http://h2.khan.co.kr/201511221503421
** 《서울경제신문》(2015.9.29), 대박행진 '72초TV'…대기업 잇단 러브콜 http://economy.hankooki.com/lpage/it/201509/e20150929204006144470.htm

내용들이 디지털 동영상 콘텐츠 트렌드의 변화와 절묘하게 맞아떨어지면서 '수익창출'의 길로 들어설 수 있었던 것이다.

그렇다면 이러한 트렌드의 변화와 제작/소비의 변화를 잘 읽으면 효율적인 비용으로 높은 효과의 마케팅을 할 수 있지 않을까? 우선 트렌드의 변화부터 읽어봐야 하겠다.

2

디지털 **동영상**
콘텐츠의
트렌드 변화

소비할 정보는 넘치고,
집중할 수 있는 시간은 줄어들고

동영상 콘텐츠 트렌드는 시대와 환경에 따라서 크게 변화해왔다. 앞 장에서도 잠시 언급했지만 불과 몇 년 사이에 동영상 생산, 유통, 소비의 행태에서 무시할 수 없이 큰 변화가 진행되어왔다. 그 중에서도 특히 스마트폰이 보급된 후의 변화는 상상을 초월한다.

디지털 동영상 콘텐츠가 지속적으로 변화하는 이유는, 첫째 받아들여야 하거나 소비해야 하는 정보가 너무 많고, 둘째 기기의 발달에 따라 영향을 받았으며, 셋째 플랫폼의 형태가 변하거나 다양해졌기 때문이다. 이에 따라 콘텐츠가 더 많이 소비되기 위해 변화에 적응해 나가면서 결국 소비를 위한 동영상 형태 자체가 변화되어왔던 것이다.

소비해야 하는 정보가 많고 정보가 쏟아지는 채널이 다양해지다 보니 집중할 수 있는 시간이 짧아지는 데 큰 영향을 주었다. 미국 국가생물공학센터(NCBI)의 발표*에 따르면, 인간이 집중할 수 있는 시간은 불과 8초 정도로 금붕어가 집중할 수 있는 9초보다 짧아졌다.

* National Center for Biotechnology Information, the U.S. National Library of Medicine (www.statisticbrain.com/attention-span-statistics/)

인간의 집중시간은 점점 짧아지고 있는 추세로 2000년 12초인 것에 비해서 무려 4초가 줄어들었다.

그런데 디지털 비디오를 하나 보는 데 들이는 시간은 평균 비디오당 2.7분으로 집중시간 8초에 비해 상당히 긴 편이다. 이 이야기는 집중할 수 있는 8초 동안 이 동영상 콘텐츠를 볼 것인지 말 것인지를 결정한다는 의미이다. 그 시간 내에 내가 보고 있는 동영상을 보지 않겠다고 판단하면 바로 빠져나가는 반면, 일단 보기로 선택하면 2분 이상이 되는 동영상이라 하더라도 본다는 뜻이다.

동영상 시청자들은 빠른 시간 내에 이 정보가 나에게 유의미한 것인지를 판단해 계속 볼지 말지를 결정한다고 추정할 수 있다. 트위터의 동영상 서비스 'Vine'이 6초 동영상 콘텐츠만을 허락하는 이유가 여기에서 나오는 것이 아닐까 생각된다. 'Vine'의 6초짜리 동영상은 이 영상이 나에게 가치가 있는지 없는지를 판단할 시간을 주지 않고 끝나버린다. 즉 콘텐츠의 길이로만 보았을 때 'Vine'의 의도는 시청자들에게 판단할 수 있는 시간의 여지를 주지 않고 콘텐츠를 소비하도록 유도한다는 것이다.

이 음식이 나에게 도움이 될지 아닐지, 내 배를 더 부르게 할지 안 할지를 판단하지 못하는 상태로 그냥 입에 들어가는 대로 먹는 스낵Snack과도 같다. 그래서일까? '스내커블 콘텐츠Snackable content'라는 말이 여기저기서 많이 나오기 시작했다. 이전 미디어를 통해서 소비되는 동영상 콘텐츠는 그것이 가진 의미나 의도 등이 잘 표현되어 텍스트 콘텐츠와 마찬가지로 영상을 이해하는 방식으로 소비되었다. 하지만 이제는 이해하기보다는 쉽게 즐기고, 공유되고, 다른 사람이 보게끔 하고, 때론 쉽게 그냥 잊어버리게도 하는 그런 콘셉트의 콘텐츠를 소비하게 되었는데, 이런 콘텐츠를 스내커블 콘텐츠라고 부른다.

워낙 소비할 수 있는 콘텐츠가 많다 보니 오히려 메시지를 적게 담고 있으면서 시청자의 집중력 시간 동안만 지배하기 위한 내용이 없고 자극적인 콘텐츠가 많아졌다. 그러다 보니 유튜브 뷰view 수에만 집착할 뿐 즐기기에도 적합하지 않은 콘텐츠가 많아지고 있는 것도 사실이다. 이 같은 환경이 마케터들에게 풀기 어려운 숙제를 던져주고 있는 것 역시 명백한 사실이다.

하지만 집중시간이 줄었다고 무조건 콘텐츠가 자극적이고 짧아야 한다는 뜻은 아니다. 앞서 이야기한 것 중 평균 디지털 비디오당 시청시간이 2.7분이라는 사실을 잊어서는 안 된다. 즉 보겠다고 동의하면 다소 길더라도 충분히 이야기를 전달할 시간을 준다는 뜻이다. 8초 안에 이 동영상이 볼 만한 가치가 있다고 판단하게 해야 하고, 이로 인해서 머물게 된 시청자에게 의미 있는 메시지를 전달하는 것이 가장 중요한 포인트다.

기기의 변화가 콘텐츠의 형태를 변화시킨다

기기의 발달도 콘텐츠의 형태에 영향을 준 것으로 보인다. 스마트폰이 그 중심에 있다. 스마트폰은 우리 생활 다양한 부분에서 혁명적 변화를 이끌었는데, 동영상 콘텐츠 소비행태에 있어서도 커다란 변화를 가져왔다. 사실 콘텐츠 자체를 변화시켰다기보다는 콘텐츠를 소비하게끔 만드는 플랫폼의 변화를 유도했다고 보는 것이 더 옳은 표현이다. 이 부분에서 결론적으로 이야기하고자 하는 것은 개인화와 채널화가 좀 더 적극적으로 이루어지고 있다는 것이다.

우선 개인화는 일반적인 콘텐츠 소비가 스마트폰으로 옮겨오면서 가장 주목받게 된 분야 중 하나인데, 동영상 측면에서도 마찬가지다. 스마트폰이 개인화에 유리한 이유는 우선 개인이 본 동영상 콘텐츠나 검색한 내용이 보다 명확해지기 때문이다. 물론 PC에서도 이 부분은 기술적으로 가능하지만 PC는 정확히 현재 사용자를 특정하기 어려운 면이 있다. PC는 개개인이 모두 소유하기보다는 함께 사용하는 경우도 있기 때문이다.

하지만 스마트폰의 경우는 디바이스, 즉 전화기 자체를 공유하는 경

그림13 ▶

유튜브 개인화에 따른 콘텐츠 표기 변화

우가 거의 없기 때문에 개인을 특정하기에 훨씬 용이하며 그렇기 때문에 개인화 맞춤형 콘텐츠를 지속적으로 소비하게끔 유도할 수 있는 것이다. 유튜브에 들어갔을 때 '맞춤 동영상'으로 제안되는 콘텐츠들이 좋은 예다. 그림13 그 개인이 이전에 소비한 동영상 콘텐츠와 카테고리, 키워드 등 다양한 분야에서 개인화된 콘텐츠를 추천하는 방식이다. 그리고 그 이하에 나오는 영상들도 지금 당장 인기 있는 영상들을 모아놓았다기보다는 해당 사용자가 한 번이라도 봤던 채널이거나 볼 가능성이 높은 채널을 유튜브의 알고리즘을 기반으로 표시하는 것이다. 그어디에도 '실시간 급등'이나 '인기 있는 영상'을 모바일에서 페이지 초반에 살펴보기 어렵다. 한참 스크롤을 내리고 나서야 실시간 영상 리스트가 보인다. 이처럼 스마트폰은 콘텐츠의 개인 맞춤 추천을 부추겼고, 이에 맞춰 보다 더 확실한 콘텐츠의 성향을 띠게 되었다.

또 한 가지, 채널화 역시 중요한 변화라고 할 수 있다. 채널화 자체는 사실 모바일의 효력이라기보다는 유튜브가 이끈 트렌드라고 할 수 있다. 채널화의 중요한 장점은 동영상을 하나씩 따로 올려서 하나의 콘텐츠만 소비하고 나가게 하는 것이 아니라, 콘텐츠를 마치 체인으로 엮듯 지속적으로 즐기도록 하는 데 있다. 즉 A에 관심을 보인 시청자가 A에 대해 더 자세히 알고 싶고 좋은 정보를 동영상으로 받아보기 원하면 A에 대한 채널을 '구독'하면 되는 것이다.

예를 들어 화장법을 알려주는 동영상 채널이 있다면 시청자는 여기저기서 검색하면서 보기보다는 그 채널에 가서 콘텐츠를 소비함으로써 훨씬 시간을 절약할 수 있게 된다. 이에 따라 마케터는 이 채널을 활용해서 보다 체계적이고 쉬운 마케팅 활동을 벌일 수 있는 것이다. 즉 한번 채널로 들어간 시청자에게 지속적으로 채널 내 콘텐츠를 소비하게 만드는 방식이다. 이렇게 채널에 들어왔던 시청자는 구독을 하기도 하지만, 설령 구독하지 않는다 하더라도 위에서 설명한 '개인화'의 영향으로 그 채널의 콘텐츠가 훨씬 더 잘 보이게 된다.

설명만 듣고도 어느 정도 감을 잡을 수 있겠지만 이러한 채널 운영 전략이 디지털 동영상 마케팅 전략의 한 축이 될 수 있다. 단순히 하나의 동영상을 프로모션하기보다는 좀 더 밀착된 '브랜디드 콘텐츠

Branded content'*의 소비를 유도하면서 브랜드에 대한 친밀도를 높이는 전략이 바로 채널 운영전략의 기본이기 때문이다.

이러한 점을 반영한 것인지 유튜브의 채널화를 페이스북이 그대로 답습하는 모습을 보인다. 페이스북의 '비디오탭'을 보면 유튜브의 채널과 차이점을 거의 발견하기 어려운 수준이다. 페이스북의 비디오 소비 행태는 상이함에도 불구하고 페이스북이 유튜브의 채널을 그대로 가져오는 것은 마케팅 측면에서 이용가치가 크기 때문이다. 이에 대해서는 이후에 더 자세히 설명하기로 한다.

* 브랜드에서 제작한 콘텐츠를 전반적으로 일컫는 용어로, 일반적으로 마케팅 활동을 위한 콘텐츠를 말한다. 다만 그 콘텐츠가 반드시 '광고'의 형태를 띠는 것은 아니며 브랜드의 친밀도를 높이기 위한 다양한 콘텐츠를 모두 지칭한다.

소셜미디어라는
동영상 소비 플랫폼의 진화

　동영상 소비 플랫폼도 콘텐츠 소비자들의 니즈를 반영하거나 소비의 방향성을 설정하면서 계속 변화해왔다. 불과 10~20년 전만 하더라도 동영상을 온라인에서 소비하는 데에는 큰 부담이 있었다. 특히 모바일에서는 속도 문제로 인해 소비할 수 있는 방법이나 플랫폼이 부족했을뿐더러 동영상 서비스 제공자들은 모바일을 아예 눈여겨보지도 않았다. 용량의 문제도 있어 라이브 스트리밍은 쉽지 않았고, 가능하다 해도 영상의 품질이 떨어질 수밖에 없었다.

　그러나 2010년대 LTE가 도입되고 도처에서 와이파이Wi-Fi로 초고속 인터넷에 접속할 수 있는 지금은 상황이 완전히 다르다. 고화질 영상도 손쉽게 받아볼 수 있게 되면서 마치 이미지 파일을 소비하듯이 영상을 소비할 수 있는 시대가 열린 것이다. 이에 따라 동영상 제공 서비스들도 앞다투어 모바일용 서비스나 모바일에 최적화된 서비스를 제공하기 시작했다. 유튜브는 당연히 모바일로 동영상을 직접 업로드할 수 있고, 콘텐츠 소비에서도 개인화를 가장 적극적으로 도입하여 모바일 최적화 서비스를 제공했다. 라이브 스트리밍 서비스로 유명한 아프리카TV는 모바일로 방송과 시청이 가능하도록 양방향 서비스를 제공했다.

이제 폰 하나만 있으면 방송을 할 수도, 내 채널에 동영상을 올릴 수도, 동영상을 볼 수도 있게 되었다. 다시 말해 모바일 기술과 기능의 발달, 동영상 서비스 플랫폼의 개인화와 간편화로 인해 동영상의 생산이 매우 용이해졌다. 한 사람이 자신의 스마트폰으로 동영상을 촬영해서 콘텐츠를 공유하고 방송을 할 수 있게 된 것이다. 그러다 보니 점차 동영상 제작은 어렵고 힘든 것에서 쉽고 재미있는 것으로 변화해 나가기 시작했고, 많은 사람들이 동영상 콘텐츠 제작 영역으로 진입할 수 있었다. 이런 동영상 서비스들이 모바일에 적응해 나가는 것은 어찌 보면 너무나도 당연한 일이었지만, 동영상을 활용한 마케팅이나 콘텐츠 소비를 더 없이 촉진한 플랫폼은 따로 있었다. 그것은 바로 소셜미디어social media이다.

페이스북은 2007년부터 비디오의 직접 업로드를 지원했지만 크게 활성화되지 않았다. 그 당시에는 페이스북에서의 동영상 소비는 유튜브로의 트래픽 이전을 의미했다. 페이스북에서 빠져나와 유튜브로 가서 동영상을 시청한 뒤 다시 페이스북으로 오는 행위를 반복했다. 하지만 페이스북이 2013년 이후 동영상 콘텐츠에 대해 강하게 푸시하기 시작하면서 상황이 점차 변하기 시작했다. 처음에는 데이터를 무리하게 사용하거나 사용자들이 원하지 않는 콘텐츠를 억지로 보게 한다고 큰 우려를 샀던 '오토플레이'* 기능도 역설적으로 모바일에 걸맞은 콘텐츠 소비행태로 인식되게 되었다. 이러한 오토플레이 기능은 특히 스내커블 콘텐츠를 소비하는 사용자들에게 크게 어필했다. 우려와는 달리 사용자들에게 콘텐츠를 볼 만한 동인요소로 작용하도록 했으며(플레이 버튼을 누르지 않아도 동영상이 시작되기 때문에 좀 더 많은 관심을 끌어들인 것으로 보인다), 오히려 새로운 스내커블 콘텐츠 소비행태로 자리를 잡았다.

페이스북은 유튜브와는 달리 동영상을 검색하는 방식이 아니라 타임라인에 동영상이 올라오는 형태이므로 광고 측면에서 유튜브보다 유리하다. 그림14 유튜브의 경우에는 태생이 동영상을 보기 위한 플랫폼이고 동영상을 여기저기에 실어 나르는 메인 허브 역할을 하다 보니, '동영상' 앞에 광고가 붙는 'Pre-roll' 방식의 광고가 주된 상품일 수밖에 없었다. 동영상 콘텐츠밖에 없고 사용자 개인의 피드feed가 있는 것은 아니기 때문에 원하는 콘텐츠를 보여주기 전에 광고를 보여주는 다소 전통적인 동영상 형태를 띨 수밖에 없는 것이다.

반면 페이스북은 동영상 콘텐츠가 사용자들이 소비하는 다양한 콘텐츠 형태 중 하나일 뿐이고, 그 콘텐츠가 푸시되는 공간은 사용자의

* 페이스북에 직접 업로드된 영상의 경우 타임라인상에서 소리는 나오지 않고 자동으로 동영상이 플레이되는 기능이다. 즉 사용자가 특정 포스팅에서 화면을 멈출 경우 플레이 여부를 물어보지 않고 자동으로 영상이 배경에서 돌아가게 되며, 사용자는 그대로 동영상을 화면만 볼 수도, 클릭해서 소리를 포함한 동영상을 전체화면으로 볼 수도, 또는 그저 지나가버릴 수도 있게 했다.

그림14 ▶

■ Pre - roll과 타임라인 노출의 차이

> 페이스북은 타임라인상에 노출되는
> 데 반해 유튜브는 콘텐츠를
> 보기 전에 전체화면을 광고
> 지면으로 활용한다.

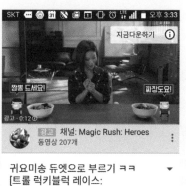

타임라인이다. 그러다 보니 동영상 광고 역시 하나의 콘텐츠로서 역할할 수 있게 되었다. 즉 '원하는 동영상 콘텐츠'가 있어서 페이스북으로 온 것이 아니므로, 동영상 콘텐츠에 포커스를 맞출 필요도 없고 동영상 광고도 '발견'하게끔 만들면 되기 때문에 유튜브에 비해 Pre-roll로 광고해야 하는 부담이 없는 것이다. 그러다 보니 유튜브는 광고를 봐야만 콘텐츠를 보여줄 수 있지만, 페이스북은 타임라인에서 동영상 콘텐츠를 소비하므로 타임라인이라는 공간, 즉 '광고가 가능한 인벤토리'가 유튜브에 비해 자유롭다. 유튜브는 동영상 콘텐츠를 보려고 할 때만 광고가 나오지만, 페이스북은 그런 과정 없이 사용자가 페이스북을 사용할 때 언제든지 자동으로 노출시킬 수 있기 때문이다. 이로써 보다 더 자유롭고 거부감이 덜한 광고를 타임라인에 푸시할 수 있게 되었다.

이렇듯 동영상 광고를 푸시할 수 있는 형태가 유튜브와 같은 전통적인 동영상 플랫폼에서 소셜미디어 플랫폼으로 점차 옮겨오게 되자, 그 플랫폼의 특성에 맞춘 동영상 콘텐츠와 광고가 어떠한 형태인지 주목받기 시작했다. 소리가 없어도 이해가 될 수 있는 콘텐츠 형태, 지나가면서 타임라인에서 보기만 해도 충분히 즐거운 콘텐츠를 만들어내는 것이 중요해진 것이다. 또한 모바일 트래픽이 대부분을 차지하는 소셜 네트워크의 특성상 모바일을 고려해야 하는 숙제까지 떠안게 되었다. 이에 관해서 좋은 해결방법을 보여준 대표적인 서비스로는 그 유명한 '버즈피드Buzzfeed'를 들 수 있다. 그림15

그림15 ▶

■ 버드피즈의 동영상 예

출처: http://www.buzzfeed.com/

버즈피드가 선도한 리스티클('list'와 'article'의 합성어로 '~하는 …가지' 식의 목록형 기사) 방식의 콘텐츠를 버즈피드뿐만 아니라 다른 뉴스미디어들까지 모두 앞다투어 쏟아내자, 2013년경 사람들은 리스티클 방식의 뉴스에 서서히 지쳐가기 시작했다. 이 시점에서 버즈피드가 다음 돌파구로 생각한 것이 바로 퀴즈와 '동영상'이다. 버즈피드는 동영상 뉴스를 시작하기 훨씬 이전부터 '읽기 쉬운 콘텐츠', '공유하고 싶어 하는 콘텐츠'를 만들기 위해서 노력해왔는데, 이는 동영상 뉴스에서도 그대로 적용되었다. 우선 그들의 콘텐츠는 기존의 뉴스미디어에 비해 복잡성이 매우 낮다. 이러한 낮은 복잡성, 그리고 간결한 메시지 전달, 이해하기 쉽고 제작하기 쉬운 시각화는 동영상에서도 그대로 적용된다.

버즈피드에서 나온 동영상과 다른 언론사의 동영상과의 차이점은 다음과 같이 요약된다.

- 버즈피드의 동영상은 끝까지 볼 필요가 없다.
- 소리를 듣지 않아도 메시지를 잘 이해할 수 있다.
- 짧은 시간에 콘텐츠의 일부 또는 전부를 쉽게 소비할 수 있다.

이런 동영상 콘텐츠의 장점은 페이스북과 같은 SNS 채널에서 오토플레이로 동영상을 소비하더라도 크게 문제가 없다는 점이다. 또한 모바일에서 소셜미디어 콘텐츠를 소비하는 도중 동영상이 나타났을 때,

별 다른 준비 없이도 쉽게 콘텐츠를 소비하거나 지나치는 판단이 가능하다는 것이다. 플레이 버튼을 굳이 누를 것도 없고, 많은 사람들 속에서 이어폰을 찾아 헤매거나 볼륨을 급하게 줄일 이유도 없다. 마음에 들지 않으면? 그냥 스크롤해서 지나가버리면 그만이다.

버즈피드의 광고영상은 내용 측면에서 보았을 때는 완전히 네이티브Native 광고화가 되기 때문에 콘텐츠 마케팅을 제대로 시행할 수 있다는 장점이 있다. 즉 광고 같은 광고가 아니라 마치 정보 같은 광고를 보여줌으로써 사람들이 광고를 회피하거나 불만을 표현하기보다는 능동적으로 소비하고 더 많은 정보를 습득하려는 행위를 유도해 광고효과를 높이고 있다. 콘텐츠 마케팅은 단순히 상품을 광고하겠다는 것이 아니라, 이 콘텐츠를 소비할 때 사용자에게도 무언가 이로움이 있다는 것을 심어주어야 성공한다는 것을 버즈피드의 영상 콘텐츠가 잘 보여준다.

3

동영상 채널의
선택

채널 방식과 타임라인 방식

물론 페이스북과 같은 소셜미디어가 동영상 소비 플랫폼으로 각광 받기 시작했고 또 많은 기대를 받고 있기는 하지만, 전통적인 방식으로 디지털 동영상 콘텐츠를 소비하는 형태인 '채널' 역시 여전히 유효하고 페이스북이 갖지 못한 장점을 가지고 있다.

채널 방식이란 기본적으로 '아카이브'를 뜻한다. 즉 특정한 채널 계정에서 그 계정과 비슷한 영상들, 또는 그 계정이 제작한 영상들을 올려서 묶어놓는 것을 말한다. 좀 더 쉽게 말하면 여러분들이 유튜브에서 영상을 올린 사람들의 계정을 클릭해 들어가는 그곳이 바로 '채널'이다. 특정한 채널에는 특정한 조건의 콘텐츠가 주로 올라온다. 물론이 영상 저 영상 마구 모아놓는 경우도 있을 수 있겠지만, 일반적으로 채널을 운영하는 이유는 특정한 콘텐츠의 소비층을 노리고 있기 때문에 일관성이 있다.

채널은 음악이면 음악, 영화면 영화, 브랜드면 브랜드로 나뉜다. 이렇게 채널이 나뉘다 보니 콘텐츠를 목표에 맞춰 모아놓는 것이 무척 중요하다. 이 모아놓은 콘텐츠를 기반으로 '구독자subscriber'를 모집하거나 지속적으로 채널을 방문하게 함으로써 콘텐츠를 소비하도록 하는 게 그 목적이라고 할 수 있다. 특히 이런 채널 전략은 유튜브 스타, '유튜버YouTuber'들이나 브랜드들에게 무척 중요하다. 내 콘텐츠의 구독자나 뷰view가 수익이나 브랜드 인지도 상승과 직결될 수 있기 때문이다.

채널 방식의 장점

　이런 채널 방식이 소셜미디어에서 일반적으로 콘텐츠가 소비되는 형태인 타임라인 방식에 비해 갖는 장점은 무엇일지 알아보자.

　우선 찾아보기 쉽다는 점이다. 유튜브 채널에 영상이 올라가면 자연스럽게 유튜브와 구글 검색에 노출된다. 키워드가 정확히 내가 올린 영상에 매칭되지 않는다 하더라도 유사한 키워드 또는 관련 영상 등으로 노출될 가능성이 높아진다. 따라서 이런 채널 방식은 콘텐츠를 '탐색'해서 찾아내기에 적절하다고 볼 수 있다. 그리고 탐색을 통해서 들어온 사용자는 재탐색을 통해 연관 동영상으로 유도되며 지속적인 콘텐츠 소비가 가능해진다.

　반면, 타임라인 형태는 '찾는 행위'에는 크게 도움이 되지 않는다. 이 콘텐츠들은 '발견'되어지는 콘텐츠에 가깝다. 내가 '좋아요'를 누른 페이지에서 포스팅을 하거나 광고를 통해 보여지거나 내 SNS 친구가 공유한 콘텐츠를 보는 데에는 충분히 이용이 가능하다. 그러나 누구도 공유하지 않거나 동영상이 제공된 지 오래되어 찾기 어려운 콘텐츠라면 사용자가 의도적으로 찾기에는 어려운 측면이 있다. 독자 여러분들도 이미 많이 경험했을 것이다. 분명히 페이스북 어딘가에서 동영상이 올라온 것을 본 적이 있는데, 다시 찾아보려고 하면 좀처럼 찾기가 어려웠던 경험. 이것이 타임라인 형태의 동영상 소비 플랫폼이 갖는 구조적인 한계라고 볼 수 있다. 또한 타임라인은 관련 콘텐츠를 효과적으로 잘 이어주지 못한다. 관련 영상으로 이어준다 하더라도 사용자가 소비할 만한 의지가 없거나 준비되어 있지 않다. 그래서 지속적으로 브랜드의 영상을 소비시키고 싶어도 다소 한계가 있는 것이다.

페이스북 코리아에서도 이러한 내용을 잘 인지하고 있다. 페이스북 코리아에서 2015년 초 발표한 내용을 보면, 페이스북의 동영상 콘텐츠와 유튜브의 동영상 콘텐츠가 사용자에게 보여지는 경로가 완전히 다르다고 설명하고 있다. 페이스북 자료에 따르면 페이스북에서의 동영상 콘텐츠는 76%가 지인이나 '좋아요'를 한 페이지 또는 광고를 통해서 '발견'하지만, 유튜브에서는 71%의 사용자가 보고 싶은 동영상을 검색하는 '탐색'을 통해서 동영상 콘텐츠를 소비했다고 대답했다. 그림16

사용자들의 동영상 콘텐츠 시청 후 행동도 두 플랫폼에서 확연하게 차이가 난다. 페이스북은 더 깊거나 다른 동영상으로 넘어가는 행위보다는 그 동영상 콘텐츠에 관련된 행위를 한다. 페이스북에서 가장 많이 하는 행동인 '좋아요', '공유', '댓글달기' 같은 행동들이 그것이다. 반면 유튜브의 경우 동영상 콘텐츠를 소비하고 나서 해당 동영상에 대해 어떠한 반응을 한다기보다는 관련된 영상(63%)을 찾아보거나 추천 영상(74%)을 보는 활동으로 이어진다. 그림17

그림16

페이스북과 유튜브의
동영상을 보게 된 경위

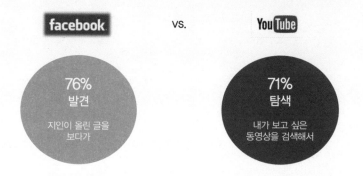

facebook   VS.   You Tube

76%
발견

지인이 올린 글을
보다가

71%
탐색

내가 보고 싶은
동영상을 검색해서

출처: 2015년 페이스북 발표자료

동영상 시청 후
행동에 대한 조사

그림17 ▶

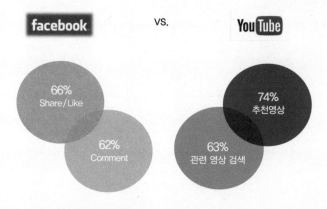

facebook   VS.   You Tube

66%
Share/Like

62%
Comment

74%
추천영상

63%
관련 영상 검색

출처: 2015년 페이스북 발표자료

타임라인 방식의 장점

타임라인 방식은 채널 방식과는 완전히 다르다. 콘텐츠를 만나는 상황과 경우에서부터 콘텐츠의 소비행태, 이후 행동에 이르기까지 겹치는 영역이라고는 특정 콘텐츠를 소비한다는 것 이외에는 없다 해도 과언이 아니다. 타임라인 방식은 우연한 만남, '발견'을 통해 콘텐츠를 만난다. 내가 무언가를 찾고자 하는 의도가 있어서라기보다는 타임라인에 포스팅된 글을 보다가 또는 관심 있는 특정 페이지의 콘텐츠를 탐색하다가 발견하고 소비하게 되는 콘텐츠라고 할 수 있겠다.

이러한 콘텐츠 소비는 실제 의도해 탐색하는 방식과 소비행태에 있어서 차이가 난다. 우연히 발견한 콘텐츠이다 보니 보다 쉽게 지나칠 수 있고 플레이 버튼을 누를 가능성이 낮아질 수 있다. 하지만 보다 더 광범위한 사람들에게 비디오가 노출될 가능성은 높아진다. 그리고 자신이 보고 있는 소셜미디어 안에서 동영상을 보고 있기 때문에 공유를 하거나 코멘트를 남기는 등 이른바 참여engagement가 일어날 확률이 매우 높다.

사용자들의 참여가 늘어나면 이를 통해 동영상이 참여한 사용자의 소셜미디어 친구들의 타임라인상에도 노출될 가능성이 높아지니 동영상을 퍼뜨리는 데 큰 힘을 발휘할 수 있다. 또한 정적인 타임라인 속에서 움직이는 콘텐츠를 보게 되면 보다 관심을 갖기 마련이다. 이를 간파한 페이스북, 인스타그램, 텀블러 등 타임라인 방식으로 콘텐츠를 소비하게 하는 소셜미디어 계열은 '자동 재생' 기능을 충분히 활용하고 있다. 즉 실제 플레이 버튼을 누르지 않으면 볼 수 없는 동영상을 소리는 꺼져 있는 상태로 영상만 돌아가게끔 만듦으로써 사람들의 동영상에 대한 관심을 불러일으키고 동영상 소비를 선택할 수 있는 확률을 높이고자 하는 조치였다. 페이스북은 이 조치를 도입할 당시에는 사용자들이 귀찮게 생각하거나 오히려 타임라인 콘텐츠의 전반적인 소비나 데이터 사용량의 문제로 인해서 불만을 야기하지 않을까 걱정했지만, 오히려 지금은 매우 성공적으로 자리를 잡아 소리 없이 작은 파일 용량으로 제공할 수 있는 'Animated GIF' 파일까지 업로드가 가능하게 했다.[*]

광고 측면에서 볼 때, 유튜브와 같은 동영상 채널의 광고영역은 일반적으로 Pre-roll 방식으로 실제 콘텐츠 앞에 붙는 방식을 택하기 때문에 사용자들이 실제 콘텐츠를 볼 때 방해된다고 여길 수 있으나, 타임라인 방식은 타임라인 안에서 광고 동영상이 따로 돌아가는 방식이

[*] Forbes (2015. 6. 1) "Facebook starts supporting animated GIFs", http://goo.gl/qniuz6

기 때문에 사용자가 특정 콘텐츠를 시청하기 위해 광고를 보아야 하는 번거로움이 없다는 차이점이 있다. 광고 그 자체도 콘텐츠로 인식하게 할 수 있다는 점, 즉 동영상 광고의 네이티브 광고Native ad에 타임라인 광고가 좀 더 적절한 방식이라고 볼 수 있겠다.

앞서 언급한 이야기들을 정리해보면, 타임라인 방식은 사용자가 찾아보려고 의도하지 않았던 콘텐츠를 보여줄 수 있고, '공유' 또는 '좋아요'를 통해 소셜미디어상의 바이럴을 유도할 수 있다는 점, 광고 측면에서도 광고를 타임라인 콘텐츠의 일부로 인식시킬 수 있다는 것이 가장 큰 장점이라고 하겠다.

그럼 여기에서 드는 의문 한 가지, 유튜브로 대표되는 채널형태의 동영상 콘텐츠와 페이스북의 타임라인은 어떻게 활용해야 잘 활용하는 것일까? 이 두 행동의 차이는 마케터 입장에서 두 채널을 활용할 때 다른 방법으로 활용해야 한다는 것을 의미한다. 앞서 잠시 언급했지만 페이스북은 특정한 콘텐츠를 띄우고 더 많은 참여를 이끌어낼 때 보다 활용도가 높다. 즉 콘텐츠가 페이스북 사용자들에게 잘 맞게끔 제작되어 그 영상 자체가 화제가 되는 방향성이 적절하다고 할 수 있다. 그래서 정보성 콘텐츠나 브랜드의 입장이 많이 반영된 콘텐츠로 커뮤니케이션을 하거나 하나의 콘텐츠를 기점으로 또 다른 콘텐츠를 소비하도록 유도하기보다는, 페이스북 사용자들이 소비하기를 기대하는 콘텐츠를 제작해 커뮤니케이션하는 것이 더 좋을 수 있다.

페이스북의 높은 트래픽과 타임라인의 풍부한 지면은 하나의 동영

그림18 ▶

대학내일 20대연구소, KT경제경영연구소 (2015. 7) 모바일 네이티브 세대, 20대 모바일 및 콘텐츠 이용실태 조사

유머/병맛 콘텐츠를 얻는 주된 경로

(n= 874/*이상치 제거/ * 1+2순위(3:1) 가중치 합)

- 페이스북 28.8%
- 네이버 27.4%
- 다음 9.7%
- 피키캐스트 9.2%
- 네이트 5.1%

*상위 5개 항목까지만 표기

▌FGI 中 '유머/병맛 콘텐츠 습득 경로' 관련 의견

백OO 24세 男

"팔로우한 유머 페이지만 10개가 넘어요"

인터넷에서 웃긴 거 보려면 직접 검색해야 하는데 페북은 페이지만 팔로우 해 놓으면 자동으로 타임라인에 뜨니까(편해요)

한OO 21세 女

"친구들이랑 같이 즐길 수 있잖아요"

커뮤니티에서 보면 저 혼자 보고 끝인데, 페이스북은 친구들을 댓글로 소환해서 공감하고, 장난칠 수 있어서 더 재미있어요.

콘텐츠 형식별 선호하는 콘텐츠 주제

*1+2순위(3:1)가중치 합/**형식별 이상치 제거

순위	텍스트 (n=876)		동영상 (n=880)		사진/움짤 (n=867)		그림/일러스트 (n=838)	
1순위	시사/사회이슈	26.3%	드라마/예능	42.0%	유머/병맛	24.0%	웹툰/만화	41.8%
2순위	유머/병맛	11.0%	유머/병맛	16.1%	연예인/가십	17.0%	유머/병맛	18.6%
3순위	연예인/가십	10.5%	시사/사회이슈	10.4%	드라마/예능	12.3%	패션/뷰티	7.7%
4순위	인간관계/연애	9.3%	연예인/가십	9.6%	패션/뷰티	9.3%	드라마/예능	6.1%
5순위	교육/자기계발	8.7%	패션/뷰티	6.9%	맛집	7.2%	연예인/가십	4.4%

*상위 5개 항목까지만 표기

상을 캐주얼하게 소비하기에는 유튜브에 비해 분명 강점을 가지고 있다. 페이스북 안에서의 콘텐츠 소비는 어느 정도 그들이 기대하는 콘텐츠의 종류가 있고 그것을 만났을 때 더 폭발적인 힘을 낼 수 있기 때문이다. 그리고 타임라인 방식으로 동영상 콘텐츠가 제공되다 보니 '우연히 만나듯이' 콘텐츠를 소비하게 되는데, 특히 20대들이 콘텐츠의 발견과 소비 채널 공간으로 페이스북을 많이 활용한다.

'대학내일 20대연구소'의 조사결과를 보면, 재미있는 콘텐츠를 주로 얻는 경로를 '페이스북'이라고 답했으며, FGI° 결과 중요한 내용 중 하나로 "페북은 페이지만 팔로우 해놓으면 자동으로 타임라인에 뜨니까 (편해요)" 라는 답변이 있었다. 그림18 이는 페이스북 페이지를 통해서 20대들이 어떤 방식으로 콘텐츠를 소비하는지 그 행태에 대해서 힌트를 얻을 수 있는 지점 이다. 그들은 또한 동영상으로 소비하기를 희망하는 콘텐츠로 드라마/예능(42.0%) 다음으로 유머/병맛(16.1%) 콘텐츠를 지목하기도 했다. 결국 동영상 콘텐츠는 재미있는 내용 위주로 자동으로 타임라인에 뜨는 콘텐츠를 소비하기를 원하며, 이런 부분이 페이스북 안에서의 동영상 이용행태를 결정짓는 것이다.

°Focus Group Interview

3H 채널관리 전략

유튜브의 경우에는 사용자들이 동영상을 소비한 이후 관련된 영상을 또다시 소비할 가능성이 훨씬 높다. 유튜브를 이용하는 방향성 자체가 페이스북과는 차이가 있기 때문이다. 페이스북에서는 지나가다가 발견하는 재미있는 콘텐츠 소비 위주라면, 유튜브는 그보다는 조금 더 콘텐츠 그 자체의 소비에 목적을 둔다. 즉 어느 정도 의도하에 콘텐츠를 소비한다고 볼 수 있다. 그러다 보니 자기가 관심 있는 분야의 콘텐츠를 소비하면 그와 관련된 동영상도 추가로 보려고 하는 경향성이 페이스북 사용자들보다 높은 편이다. 콘텐츠의 스펙트럼 또한 페이스북보다 넓을 것으로 추정되는데, 동영상을 통해 정보를 얻거나 무언가를 만들거나 사용법을 익히는 등 다양한 용도로 유튜브에서 동영상을 검색하기 때문이다. 이는 '검색'과 '동영상'이 결합하다 보니 나타나는 현상으로 페이스북에서는 '검색'이 아닌 '발견'이라서 접근하기 어려운 부분이다.

따라서 유튜브에서는 채널관리가 상당히 중요한 영역이라고 할 수 있다. 특히 유튜브의 동영상은 구글에서 검색이 쉽게 될 수 있도록 설명, 태그, 심지어 동영상 제목까지도 고민해야 하며, 이 영상을 소비한 사용자가 관심이 있을 만한 추가 동영상 콘텐츠가 따라와주어야 한다. 이를 통해 플레이리스트를 구성하거나 채널을 구성하여 지속적으로 자사 채널로 유입시켜 콘텐츠를 소비할 수 있게끔 구성해야 한다.

예를 들어 축구에 무척 관심이 있는 사용자가 있다고 가정하면, 메시의 멋진 드리블 동영상을 보고 나면 그에 관련된 다른 플레이어의 영상이나 메시의 다른 모습, 또는 메시가 방금 한 동작을 하는 방법을 자세히 보는 등 관련 콘텐츠들을 계속해서 소비할 가능성이 높다. 이런 콘텐츠 소비성향은 브랜드에서도 마찬가지로 고려해야 한다. 브랜드의 동영상 콘텐츠에 관심을 가졌던 사용자를 계속해서 채널로 들어오도록 관리해야 하는 것이다.

채널을 관리하는 방법은 매우 다양해 정답이 있는 것은 아니지만, 어느 정도 알려지고 효과적으로 활용될 수 있는 방법으로 3H 전략이 있다. 3H란 'Hero, Hub, Hygiene'을 의미하며, 이 세 가지 다른 형식의 콘텐츠가 일관성이 있지만 다른 방향에서 브랜드나 제품을 보는 채널 운영방식을 '3H 전략'이라고 한다. 그림19

브랜던 간Brendan Gahan[*]에 따르면, Hero영상은 이름에서도 느껴지듯이 TV 동영상 광고처럼 굉장히 많은 노력과 비용을 들여서 만들어 내보내는 매스커뮤니케이션을 위한 영상이다. TV 광고나 영화 예고편

[*] Brendan Gahan(2014), Hero, Hub, Hygiene casestudy: The Lego Youtube channel

그림19 ▶

세 가지 동영상 콘텐츠 분류는 각기 다른 형태와 역할이 있다.

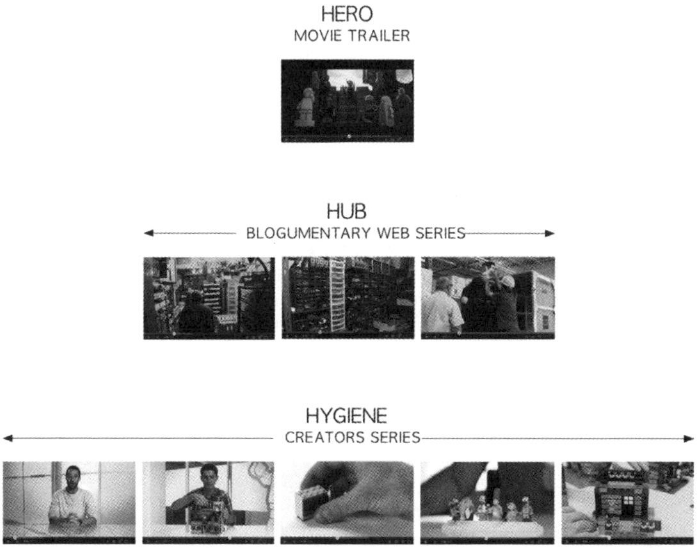

HERO
MOVIE TRAILER

HUB
◀────── BLOGUMENTARY WEB SERIES ──────▶

HYGIENE
◀────────── CREATORS SERIES ──────────▶

출처: Brendan Gahan (2014) Hero, Hub, Hygiene casestudy: The Lego Youtube channel

과 같은 영상이 여기에 해당한다. 이러한 영상은 시간과 비용상 자주 많이 다양하게 만들 수가 없기 때문에 유연성에서 떨어지지만 영상의 품질이 높은 편이어서 대중적으로 이야기하기에 적합한 특징을 가지고 있다.

반면, Hub 영상은 Hero영상을 통해 유입되거나 브랜드에 대해서 인지된 시청자를 붙잡아두기 위한 동영상이라 할 수 있다. 즉 TV 광고와도 같은 고품질의 동영상을 소비한 시청자가 더 이상 소비할 콘텐츠가 없으면 아무리 더 많은 것을 알아보고 싶더라도 빠져나갈 수밖에 없는데, 이러한 상황을 방지하고 더 많이 브랜드의 콘텐츠에 참여하고 집중할 수 있도록 계기를 마련해준다. 관심을 더 많이 불러일으키는 용도이며, 계속해서 채널 방문을 유도하는 영상인 셈이다. 패러디 영상이나 쇼트 필름, 메이킹 필름, 인터뷰 등을 예로 들 수 있겠다.

Hygien영상은 Hero나 Hub를 즐기는 시청자들보다 좀 더 브랜드와 연계된 분야나 브랜드 그 자체에 대해 관심이 있거나 검색을 해본 사람들을 유입시킬 수 있는 콘텐츠다. 유튜브 크리에이터(유튜버, Vlogger)들이 흔히 제작하는 'How to' 비디오가 가장 대표적인 형태다. 제품을 시연한다든가, 활용하는 방법을 알려준다든가, 다른 사용자들의 경험담을 이야기하는 등 보다 현실적인 영상들을 가리킨다. Hygiene 영상은 일반적으로 Hero나 Hub에 비해서 저렴하고 빠른 시간에 제작이 가능하며 브랜드가 이야기하는 것보다 사용자나 친구, 전문가 또는 관련 업계에 있는 다른 사람들이 이야기하는 것처럼 제작되

는 형태다. 그림20

이 전략은 동영상을 올리는 주체(브랜드)가 동일하다 하더라도 올리는 콘텐츠의 종류에 따라서 그 주기와 콘텐츠 내용이 달라야 한다고 이야기한다. Hero 콘텐츠의 경우에는 확실하게 브랜드의 메시지를 고스란히 담을 필요가 있으나 Hub와 Hygiene의 경우에는 마치 유튜브 사용자가 올린 콘텐츠와 같은 방향으로 이야기를 해야 할 필요성이 있는 것이다. 그 이유는 이 두 가지 부류의 콘텐츠를 소비하는 사람들의 심리가 그 브랜드에 관심이 있어서라기보다는 해당 분야 영상의 내용에 관심이 있는 것으로 보아야 하기 때문이다. 그래서 브랜드가 너무 많이 자기 할 말을 한다면 그 영상을 광고로 여기고 식상하게 생각하며 빠져나갈 가능성이 높다. 정보와 이야기에 집중해야 한다.

이 같은 캠페인을 잘 활용한 사례로 '레고'를 들 수 있다. 레고는 3H 콘텐츠를 적극 활용하는 유튜브 채널 운영을 통해서 2012년 말 6,000명에 불과했던 구독자 수를 2014년 10월에는 50만 명으로 높였으며, 2015년 10월에는 100만을 넘는 숫자를 유지하기에 이르게 되었다. 그림21

레고는 철저하리만큼 3H 전략으로 채널을 꾸몄다. 레고의 Hero 콘텐츠로는 2014년에 개봉한 'The LEGO Movie'였으며 이를 통해 대중적으로 레고에 대한 인식을 다시 한 번 환기시키는 데 성공했다. 이렇게 레고의 영화개봉 소식을 들은 사람들이 채널에 들어왔을 때, 다른 콘텐츠들이 너무 오래되었거나 제대로 보여줄 수 없다면 레고영화 소식에만 사람들이 반응했겠지만, 레고의 유튜브 채널은 이들을 계속해서

그림20 ▶

같은 내용을 다루더라도 3H 전략에
따라서 다른 목소리를 내야 한다.

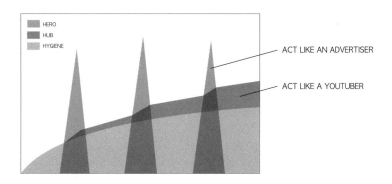

출처: Brendan Gahan (2014), Hero, Hub, Hygiene casestudy: The Lego Youtube channel

그림21 ▶

레고는 3H 전략을 매우 효과적으로
구사하여 구독자 수를 크게 늘렸다.

Total Subscribers Gained for Lego

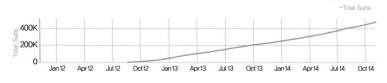

http://socialblade.com/youtube/user/lego/monthly

출처: Brendan Gahan (2014) Hero, Hub, Hygiene casestudy: The Lego Youtube channel

그림22 ▶

유튜브 레고 크리에이터
플레이리스트

잡아둘 매력을 충분히 가지고 있었다. 바로 Hub와 Hygiene 콘텐츠들이었는데, 특히 Hygiene 콘텐츠를 적극적으로 활용해 매력적인 콘텐츠 채널을 만든 것이다.

우선 Hub 콘텐츠들은 블로큐멘터리Blocumentary를 필두로 시작되었다. 이 콘텐츠에서는 레고의 제작과정이나 디자인 과정 등에 대한 이야기들과 세계 각지에서 창의적인 레고 조립가들이 어떤 작품들을 만드는지 보여주는 다큐멘터리에 집중했다. 많은 사람들이 레고를 활용한 놀라운 작품들을 볼 수 있게끔 함으로써 레고에 대해 좀 더 긍정적인 인상과 함께 도전의식을 불러일으킬 수 있었던 것이다. 한 예로 일본에서는 카와구치 아키유키라는 레고 빌더가 레고를 통해 놀라운 기계 작동장치를 만들었다.*

시청자들이 이런 매력에 빠질 때쯤 레고는 다시 Hygiene 콘텐츠로 사람들을 유혹했다. 이 가운데 대표적인 것이 '크레에이터Creator 시리즈'**인데, 이 시리즈에서는 레고 디자이너들이 레고를 조립할 때 활용할 수 있는 자세한 팁을 알려주는 동영상을 제작해 배포했다. 그림22 이런 팁을 통해 아주 단순한 모형에서부터 복잡하게 움직이는 장치까지 생각해낼 수 있음을 보여준다. 그리고 시청자들도 본인들이 무언가 이런 비슷한 것을 만들 수 있지 않을까 하는 생각을 해보게끔 한다. 이

*https://youtu.be/1CKQ-7l4suU
**https://youtu.be/xY8WDGo8GBI?list=PLRNbTEZ7dhL0iWKaZ5nk4Q5IBqUxbqoXp

과정이 반복되다 보면 많은 사람들이 브랜드에 대해서 친근함과 가치를 공유하게 되고, 단순히 유튜브 구독자 수가 늘어나는 것에 그치지 않고 브랜드에게 충성도 있는 고객으로 변모해 나갈 수 있게 된다.

레고 같은 큰 기업의 사례는 알겠는데, 그러면 작은 브랜드들은 어떻게 해야 할까?

작은 브랜드들이 동영상을 제작한다면, 앞서 '대도서관'이나 '72초 TV'의 사례를 통해 개인 또는 소규모의 인원이 제작에 참여해 방송을 만들거나 동영상 콘텐츠를 만들어 널리 알리는 것이 불가능하지 않음을 알게 된다. 아니, 오히려 최근의 트렌드는 그런 가벼운 콘텐츠로 가고 있다는 것을 느낄 수 있다. 또한 앞서 이야기했던 동영상 콘텐츠의 확산 채널의 종류와 방식, 그리고 전략까지 고려한다면 적은 예산과 인원으로도 충분히 좋은 콘텐츠가 나올 수 있다. 과거 돈이 많지 않으면 불가능에 가까웠던 동영상 제작이 아이디어가 있고 구조만 잘 짜 넣으면 예산이 적어도 얼마든지 만들고 확산시킬 수 있게 된 것이다.

개인이나 적은 인원이 얼마 안 되는 예산으로 콘텐츠를 제작할 때, 우선 고려해야 할 것은 어떤 이야기를 계속해서 할 것인지에 대한 방향성 문제이다. 단순히 제품 홍보를 위해 계속 제품이 좋다는 것만 강조하는 영상이라면 별 다른 매력이 없거니와 아무리 많은 동영상을 올린들 소비되기는 어려울 것이다. 무엇보다도 브랜드와의 연관성을 가지고 있되 사람들이 어떤 이야기를 좋아하는지, 어떤 이야기가 관심을 끌기 좋은지를 잘 알아야 한다. 재미있는 콘텐츠로 갈 것인지, 아니면 버즈피드처럼 마치 뉴스 같은 콘텐츠로 갈 것인지, 정보를 주는 콘텐츠 위주로 갈 것인지를 고민해야 한다.

한 가지 추천하자면 앞서 언급했던 3H 전략에서 Hygiene 콘텐츠를 다수 생산해보는 것이다. 그 이유는 일단 Hero 콘텐츠는 제작하는 데 시일과 비용이 너무 많이 들어가기 때문이다. 어설프게 만들게 되면 오히려 Hero의 품질이 저하될 수 있고 필요한 광고집행 예산을 확보하지 못할 우려가 있다. 또한 Hero는 제작여건상 콘텐츠 생산의 주기가 길다. 즉 짧은 기간에 많은 콘텐츠를 생산하거나 커뮤니케이션할 수 없고, 하나의 콘텐츠가 좋은 반응을 이끌어내지 못하면 그다음 콘텐츠를 만들 만한 동력을 끌어내기가 어렵다. 따라서 실패하거나 실험을 해도 좋고 주기가 짧고 비용이 적게 들어서 언제든지 제작해볼 수 있는 Hygiene 콘텐츠를 여러 건 만들어서 커뮤니케이션하는 것이 훨씬 나을 것이다. '대도서관', '씬님', '최고기' 등 크게 성공한 1인 방송 제작자들도 심혈을 기울여서 훌륭하고 멋진 콘텐츠를 만들기보다는 쉽고 재미있게 만든 다수의 콘텐츠로 커뮤니케이션하는 방식을 취하고 있다.

Hygiene 계열 콘텐츠의 특징은 앞에서도 설명했듯이 '방법'이나 '팁'에 방점이 찍혀 있다. 제품을 어떻게 활용해서 무엇을 할 수 있는지, 생각해보지 못한 용도는 무엇인지, 또는 이 계열의 제품들이 갖는 속성과 고려해야 할 사항은 무엇인지 등 다양한 이야기를 만들어낼 수 있어야 한다.

예를 들어 수분크림을 제작하는 화장품 회사가 있다고 하자. 많은 사람들이 수분크림을 바르지만 아침에 바르는 것이 좋은지, 저녁에 바르는 것이 좋은지, 수분크림에서 가장 중요한 요소는 무엇인지, 어떻게 하면 수분크림의 효과를 더 극대화시킬 수 있는지, 메이크업과 시너지 효과는 어떤 방식으로 낼 수 있는지 등 다양한 정보성 콘텐츠를 제공할 수 있다. 물론 화자가 등장해야 하고 진행 자체가 지루하지 않게 해야 하는 것을 잊어서는 안 된다. 셀럽이나 해당 산업에서의 전문가가 나와서 이야기할 수 있으면 더 좋은 콘텐츠가 될 수 있을 것이다. 초반에야 별다른 반응이 없을지 모르지만, 지속적으로 영상 채널관리 및 소셜미디어를 통한 커뮤니케이션을 멈추지 않고 한다면 좋은 반응을 이끌어낼 수 있을 것이다. 여기에 몇 가지 전제조건들이 있다.

첫째, 첫 콘텐츠에서부터 폭발적인 반응들이 나올 것이라고 생각하지 말라. 대부분 첫 콘텐츠를 올리면 곧바로 실망한다. 생각보다 조회수도 너무 없고(아예 없을 수도 있다) 사람들이 반응을 하지 않기 때문이다. 하지만 절대 여기에서 실망하고 멈추면 안 된다. 하나의 영상을 올렸다고 사람들이 몰려들어서 그 동영상을 소비해줄 것이라고 생각하면 착각이다. 꾸준함, 지속성이 어느 정도 증명되어야 사람들이 이 채널에 들어올 가치를 느낄 수 있게 된다.

둘째, 다른 마케팅 활동과 접목시켜라. 다른 마케팅 활동과 항상 닿아 있어야 한다. 소셜 마케팅을 하더라도 동영상을 소재로 활용한다든가 소셜 콘텐츠의 내용으로 활용하는 방법을 사용할 수도 있다. 더 나아가 판매 페이지에 동영상을 볼 수 있는 장소를 마련하거나 다른 유통 채널에서의 상세 페이지에서도 동영상을 볼 수 있게끔 연계시켜 놓아야 한다.

셋째, 한 영상에 비대칭적으로 비용을 많이 들이지 말라. 앞서도 이야기했듯이 Hygiene 동영상의 핵심은 많은 활용 콘텐츠를 꾸준하게 배포하는 것이다. 하나의 영상에 너무 힘을 쏟게 되면 다른 영상들을 제작할 동력을 잃거나 그 동영상이 실패했을 때 다음 동영상에 반영하기가 어려워진다.

넷째, 검색어를 잘 활용하라. 유튜브 채널, 페이스북 채널에서도 검색어를 잘 활용해야 한다. 페이스북보다는 유튜브에서 더 고려를 많이 해야 하는데, 일반적으로 유튜브는 무언가를 찾기 위해서 들어오는 경우가 많기 때문이며 관련 영상을 추천해주기 때문이다. 따라서 브랜드가 속한 분야에 관심이 있는 사람들이 유입될 가능성이 높으므로, 그 사람들이 어떤 측면에서의 검색을 많이 하는지를 생각해보고 그 키워드들을 태그나 본문, 제목 등에 포함시켜서 검색결과에 브랜드의 영상이 많이 노출될 수 있도록 하는 것이 중요하다.

다섯째, 광고를 시도할 수 있으면 더 좋다. 다음 장에서 자세히 살펴보겠지만, 동영상 광고를 작게라도 집행하면 효과적이다. 광고를 집행하지 않고 채널을 운영하면 정말 많은 노력이 요구되는데, 광고를 하면 어떤 계열의 콘텐츠가 반응이 좋은지를 알아보거나 더 보여주고 싶은 콘텐츠를 넓게 보여줄 수 있는 계기가 된다.

광고를 통해서 조금 더 넓은 대상에게 보여준다면 채널의 성장이나 동영상의 조회수 증가를 좀 더 빨리 이룰 수 있다. 다만 처음부터 작은 브랜드가 대량의 광고를 하기보다는 동영상 편당 10~20만원의 소액 광고부터 해서 피드백을 받아볼 것을 추천한다. 피드백을 받아보는 광고공간은 소셜미디어가 비교적 안정적인 편이다. 소셜미디어 광고는 사용자들로부터 댓글이나 '좋아요', '공유하기' 등의 피드백을 받아볼 수 있고, 어떤 층에게 얼마만큼 이 동영상이 어필하고 있는지를 추적하기가 비교적 용이하기 때문이다. 이렇게 테스트 광고를 진행하고 나면 반응이 좋은 콘텐츠는 좀 더 많은 비용을 들여 동영상 전문 채널이나 소셜미디어로 더 많이 나갈 수 있도록 투자하는 것도 방법이다.

제작환경이 이야기를 만들어내기 어렵고 출연할 만한 사람이 없는 상황이라면 '인플루언서 마케팅'을 활용하는 것도 방법이다. 이 방법은 제품과 함께 광고비를 유명 개인 방송인에게 제공하면 그 방송인이 동영상 콘텐츠로 해당 제품의 리뷰를 제공하여 자신의 채널에 게재하는 방식이다. 이 방식은 화장품 업계에서 많이 사용한다. 아무래도 유명 개인 방송인이 리뷰를 하기 때문에 브랜드의 자사 채널에 동영상을 올리는 것보다 훨씬 많은 조회수를 보장할 수 있으며, 신뢰도 측면에서도 브랜드가 직접 이야기하는 것이 아니기 때문에 효과적이다.

하지만 이렇게 제작하는 방식이 자사의 채널 트래픽 증가에는 별다른 도움을 주지 못한다는 것을 잊지 말아야 한다. 또 제작물의 수준이나 내용을 직접 컨트롤할 수 없다는 불안요소도 있다. 실제 많은 개인

방송인들이 반드시 호의적인 방송만을 한다고 보장할 수 없다는 내용이 고지되고 있다. 또한 광고비를 제공해야 하는데, 그 광고비의 수준도 결코 적은 금액이 아니다. 한 편에 적게는 50만원에서 많게는 수천만원에 이르는 광고비를 지불해야 하기 때문에 예산이 넉넉하지 않은 브랜드에게는 큰 부담일 수밖에 없다.

따라서 인플루언서 마케팅은 다른 마케팅 수단을 이미 활용하고 있을 때 추가적으로 사용하기에 적절하다. 하지만 채널을 운영하기 어려운 상황이고 '돈으로 해결해도 괜찮다'면 적극적으로 활용하는 것도 효과적인 마케팅 방법일 것이다.

작은 업체의 예로 볼 수 없기에 다소 괴리가 있을 수는 있겠지만, 이를 잘 활용한 사례는 '72초TV'의 '삼성페이' 콜라보레이션 동영상*이다. 이 프로젝트는 삼성이 직접 동영상을 제작한 것이 아니라, '72초TV'에 의뢰해 동영상을 제작하여 매우 성공적으로 배포된 경우다. 이 콘텐츠는 구조적으로 잘 짜여 있거나 지속적인 동영상 커뮤니케이션을 하지는 않았지만, 소규모 제작사를 연계해 성공적으로 운영된 사례라는 의미를 갖는다. 실제 영상을 보면 예산이 많이 들어간 아주 잘 만들어진 높은 수준의 영상이 아니라 아이디어로 재미있게 풀어낸 콘텐츠임을 알 수 있다.

* https://youtu.be/Dg_PSazWoyw

4

동영상 광고의
A to Z

동영상 콘텐츠와 동영상 광고

어느 마케터나 동영상 채널을 통한 콘텐츠 유통을 고려한다. 그리고 그 콘텐츠의 힘이 막강해 사용자들이 너도나도 페이스북에서 공유하고 유튜브 채널에 접속해서 소비할 것이라고 기대한다. 그리고 그렇게 만들겠노라고 확신한다. 물론 그렇게 되면 좋겠지만 실질적으로 그럴 가능성은 매우 낮은 편이다. 단언컨대 그 같은 바람은 사실상 미망에 가깝다. 동영상 콘텐츠의 힘이란 그 콘텐츠 자체가 갖고 있는 힘인 것은 물론 맞다. 그것이 가장 중요하고 가장 큰 영향을 미친다. 하지만 실제로 동영상이 많은 사람들에게 소비되는 것이 단순히 콘텐츠의 힘만으로는 다소 모자라는 것은 왜일까? 그 이유는 다음과 같이 정리된다.

첫째, 세상에는 너무나도 많은 종류와 수의 콘텐츠들이 소비되기를 기다리고 있다. 텍스트, 이미지, 소리 등 다양한 형태의 콘텐츠가 존재하고, 동영상 형태를 띤 콘텐츠도 셀 수 없을 정도로 많다. 때문에 내 동영상이 콘텐츠 소비자들에게 노출되기란 매우 어려운 일이다. 유튜브에는 1분에 300시간 분량의 동영상이 올라온다.˚ 1분 동안에 300시간. 한 명의 마케터가 올린 비디오가 소비자들에게 보여질 가능성이 얼마나 낮을지 느껴지는 대목이다.

둘째, 사용자가 콘텐츠를 소비할 수 있는 시간은 정해져 있다. 물론 멀티스크린 콘텐츠 소비행태[**]가 늘어나면서 콘텐츠 소비 가능시간이 정확히 그 사람이 깨어 있는 시간과 일치하지 않고 좀 더 늘어난 경향은 있다. 그렇다 하더라도 실제 콘텐츠를 소비할 수 있는 사용자의 시간에 제한이 있다는 것은 변함없는 사실이다. 아무리 내가 콘텐츠를 잘 만들었어도 그 콘텐츠를 소비할 만한 충분한 시간이 사용자에게 없다면 절대 그 콘텐츠는 소비되지 않는다.

셋째, 어떤 콘텐츠가 소비되고 또 실제로 사용자에게 어필되었다 하더라도 다양한 이유로 사용자들은 공유를 기피한다. 공유를 기피하는 이유는 개인마다 다르다. 가령 소비자가 실제로 그 콘텐츠를 즐겼고 재미를 느꼈다 하더라도 자신의 사회적 위치를 고려해 공유를 하지 않을 수 있다. 또한 플랫폼의 특성에 대한 이해가 부족한 경우도 있으며, 타인에게 나의 소셜미디어가 '광고천국'으로 인식되는 것을 방지하기 위해서 공유를 거부할 수도 있다. 그나마 가장 미디어/콘텐츠 소비와

[*] Craig Smith (2015. 8. 6) "By the numbers: 120+ amazing YouTube statistics", http://expandedramblings.com/index.php/youtube-statistics/
[**] 멀티스크린 콘텐츠라는 말은 특별히 정의된 개념어는 아니다. 이 책에서는 TV를 보면서 모바일로 다른 콘텐츠를 소비하는 등 한정된 시간에 다중 화면에서 콘텐츠를 소비하는 현상을 일컫는 개념으로 사용되었다.
[***] 대학내일 20대연구소 (2014. 6. 11), "20대에게 페이스북은 커뮤니케이션 채널 아닌 콘텐츠 소비 채널", http://www.newswire.co.kr/newsRead.php?no=753919

그림23 ▶

페이스북을 사용할 때
주로 하는 행동

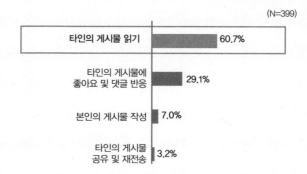

(N=399)

타인의 게시물 읽기	60.7%
타인의 게시물에 좋아요 및 댓글 반응	29.1%
본인의 게시물 작성	7.0%
타인의 게시물 공유 및 재전송	3.2%

■ 직업별 비교

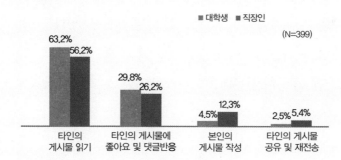

■ 대학생   ■ 직장인

(N=399)

	대학생	직장인
타인의 게시물 읽기	63.2%	56.2%
타인의 게시물에 좋아요 및 댓글반응	29.8%	26.2%
본인의 게시물 작성	4.5%	12.3%
타인의 게시물 공유 및 재전송	2.5%	5.4%

출처: http://www.newswire.co.kr/newsRead.php?no=753919

공유, 반응에 적극적인 20대 학생 층의 경우에도 최근 조사***는 마케터들에게 좌절감을 갖게 한다. 그림23 불과 몇 년 전만 하더라도 그들은 페이스북과 같은 소셜미디어 채널을 가장 적극적인 공유 공간으로 여겼지만, 이제는 공유보다는 '콘텐츠 소비' 용도로 사용하고 있음을 알 수 있다. 이러한 사실은 예전에 비해 소셜미디어를 통해 특정 콘텐츠가 적극적으로 공유될 가능성이 점차 낮아지고 있다는 것을 의미한다.

그래서 과거에는 재미있는 콘텐츠를 만들면 자연스럽게 페이스북과 같은 소셜미디어는 물론 블로그에도 공유되고 일파만파 캠페인에 대한 내용이 퍼져 나가서 심지어 언론에도 등장하게 된다고 마케터들이 많이 설명했던 게 사실이다. 하지만 이제 그런 설명은 점차 설득력을 잃어가고 있다.

넷째, 어떤 콘텐츠가 재미있고 공유도 잘되었다 하더라도 공유의 영역에서 벗어나 있는 사람들에게 노출될 기회는 여전히 적으며, 생각보다 회자되는 시간이 무척 짧다. 어떤 콘텐츠가 재미있다는 소문이 나더라도 그 시간은 무척이나 짧고, 어느새 그 오르내리는 콘텐츠는 일주일도 안 되어 다른 콘텐츠가 대체해버리고 순식간에 잊히게 된다. 또한 동영상이 인기 있다는 말을 들은 사용자라 하더라도 그 콘텐츠를 자신의 수고를 감수해가면서까지 찾아서 보는 경우는 적다. "이 영상 봤어?" 하면서 친구가 직접 보여주지 않는 이상 자신이 유튜브나 페이스북으로 들어가 검색을 하지는 않는다. 눈에 띄면 보겠지만 눈에 띄지 않으면 굳이 찾아보지 않는 것이다.

그렇다고 콘텐츠의 퀄리티나 즐거움이 적어도 된다는 뜻은 아니다. 마케팅을 위해서든 콘텐츠 자체를 위해서든 콘텐츠의 퀄리티는 가장 중요한 요소인 것은 변함없는 사실이다. 하지만 잘 만든 콘텐츠를 제대로 퍼뜨리고 사람들에게 보여주기 위해서는 적게는 콘텐츠에 들어간 비용 수준에서 많게는 수십 배에 이를 정도의 매체 지원이 필요하다는 것을 잊어서는 안 된다. 흔히 저지르는 실수 중 하나는 나에게 예산이 5천만원이 있으면 5천만원짜리 영상을 만들려고 하는 것이다. 그렇게 만들어진 5분짜리 영상이 유튜브에 올라가면 결국 앞에서 설명했듯이 300시간 분량의 동영상 가운데 5분을 차지하는 영상일 뿐, 실제 사용자들이 그 콘텐츠를 소비할 기회는 극히 적다.

그럼 어떻게 해야 하는가? 간단하다. 동영상 광고를 해야 한다. 광고를 통해서 최소한 당신의 콘텐츠가 보여질 기회, 재미있는지 없는지를 판단할 기회를 줄 수 있어야 한다는 것이다. 실제로 여러 채널을 통해서 유명하게 알려진 브랜드의 동영상 콘텐츠는 대부분 광고로 유명해진 것이나 다름없다. 유튜브 300만 뷰, 500만 뷰를 달성했다고 여기저기서 자랑하지만, 광고가 없었다면 그 정도의 뷰가 나오는 것은 거의 불가능하다. 특히 브랜드가 배포하는 콘텐츠의 경우에는 더더욱 광고가 없으면 그 정도 달성은 무리다.

동영상 광고를 집행해야 하는 이유

당신의 콘텐츠가 좀 더 바이럴의 물결을 타고 멀리 퍼져 나가고, 사람들에게 사랑받는 콘텐츠가 되어 브랜드도 좋은 효과를 불러일으키고 싶다면 반드시 광고비를 고려해야 한다. 그 이유는 다음과 같다.

첫째, 광고는 최초 콘텐츠 소비를 강제한다. 콘텐츠 소비를 강제하는 것이 때론 제대로 된 콘텐츠 소비와 거리가 있다고 생각될 수도 있고, 콘텐츠에 거부감을 불러일으킬 수 있다고 여겨지기도 한다. 맞는 말이다. 하지만 앞에서 설명했듯이, 1분에 300시간 분량이 올라오는 유튜브에서 당신의 콘텐츠가 그 콘텐츠 자체의 힘만으로 사용자에게 노출될 가능성이 얼마나 있다고 생각하는가? 제로에 가깝다. 따라서 콘텐츠의 최초 소비는 강제될 필요성이 있다. 그 콘텐츠가 소비할 만한 콘텐츠인지, 아니면 정말 가치가 없는지 판단할 근거를 제공하는 시간이 필요한 것이다. 그 시간이 유튜브에서 '스킵Skip' 버튼을 누를 때까지 걸리는 시간인 5초가 되든, 페이스북에서 타임라인을 지나가다가 순간적으로 자동재생되는 1~2초이든, 또는 아예 스킵 자체가 불가능하게 15초간 광고 영상을 보아야 하든, 어쨌든 콘텐츠 소비를 강제

그림24 ▶

출처: https://www.youtube.com/watch?v=g7CRMrR24Mo

하지 않으면 당신의 영상은 영영 노출되는 일이 없을 것이다.

둘째, 광고는 당신의 콘텐츠의 생명을 연장하고 브랜드나 콘텐츠 자체에 대한 리콜recall 효과를 높여준다. 적절한 예로는 유튜브 1천만 뷰를 달성하고 유튜브 영상에서 TV 광고로까지 확장해 광고를 집행한 노스페이스의 'Never stop exploring' 캠페인을 들 수 있겠다.그림24 이 캠페인 동영상이 아무 활동도 하지 않았는데 단순히 공유를 통해서 이렇게 많은 뷰를 얻을 수 있었을까? 절대 그렇지 않다. 이 캠페인 영상 역시 초반에 광고집행으로 힘을 얻고 뷰수가 늘어감에 따라 유튜브에서 광고를 지속적으로 집행해 점차 뷰를 늘려 나갔다. 그리고 여기서 얻은 뷰수 그 자체(1천만 달성)가 다시 이 콘텐츠의 생명력을 연장하고 더 오랜 기간 회자될 수 있도록 도와준 셈이다. 또한 실제 이 캠페인의 영상을 보지 못하고 정보만 획득한 사용자가 유튜브에 들어와서 광고를 보게 되었을 때, '사람들이 이야기하는 캠페인이 이거였구나' 하는 생각을 할 수 있게끔 했다. 굳이 찾아가서 보지 않더라도 광고로 보여주니 다시 한 번 브랜드나 캠페인에 대해서 리콜하는 효과가 생겼다고 할 수 있다.

뷰수 마케팅을 굳이 할 생각이 없더라도 광고를 특정 기간 동안 집행하면 최소한 그 기간 동안에는 해당 콘텐츠를 소비할 수 있는 여력이나 가능성을 높이는 효과가 있기 때문에 동영상의 생명력을 연장하는 데 크게 도움을 준다(다만, 지나치게 긴 기간 동안 광고를 집행하게 되면 오히려 콘텐츠에 대한 피로도를 높이게 되므로 주의해야 한다).

그림25 ▶

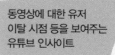
동영상에 대한 유저
이탈 시점 등을 보여주는
유튜브 인사이트

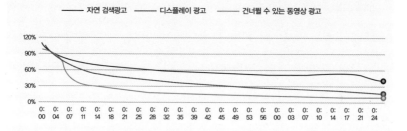

셋째, 광고는 당신의 동영상이 누구에게 어느 부분에서 어필하는지를 알 수 있게 해준다. 광고를 집행해보면 사용자들의 반응을 여실하게 알 수 있다. 물론 광고를 집행하지 않더라도 영상에 대한 완료율이나 조회수 등에 대한 정보를 볼 수 있기는 하다. 하지만 모수가 부족해 분석자료로서의 가치는 거의 없다고 보아야 한다. 반면에 광고를 집행하게 되면 적게는 수천 명에서 많게는 수백만 명 이상의 사용자에게 도달하기 때문에 동영상의 어느 시점에서 사람들이 많이 나가는지, 영상을 잘 보는 사람들은 어떤 사람들인지에 대해서 비교적 정확한 정보를 얻을 수 있다. 그림25 이를 통해 우리 브랜드가 원하는 대상과 일치하는지, 콘텐츠 자체에서 어필하지 못하는 포인트는 어디에 있는지, 사

람들이 왜 우리 콘텐츠를 끝까지 지켜보지 않는지, 그것이 어느 시점인지 등에 대한 많은 힌트를 얻어낼 수 있다. 당연히 이렇게 얻어진 힌트는 이후 브랜드 콘텐츠의 소재나 방향성에 상당히 중요한 자료가 된다.

넷째, 리마케팅(또는 리타깃팅)이 가능한 모수 확보가 가능해 지속적인 캠페인 효율을 향상시키고 브랜드에 반응하는 고객에게 당신의 콘텐츠를 더 보여줄 기회를 마련할 수 있다. 리마케팅 또는 리타깃팅은 쉽게 말해, 특정 광고나 웹사이트에 반응한(클릭을 하거나 웹사이트에 방문했거나 동영상을 시청하는 등) 대상에게 다시 광고를 보여준다는 개념으로 구매나 서비스 이용 등의 가능성이 보다 높은 층에게 브랜드를 다시 어필할 수 있는 기회를 부여하는 광고전략이다. 동영상 역시 실제로 브랜드 동영상을 한 차례 이상 소비한 대상이 그 다음 동영상이나 광고에 반응할 가능성이 높은데, 이 활동을 하려면 광고집행은 필수이다.

이를 통해 보다 브랜드와 관련성이 높거나 관심이 높은 층, 또는 특정한 콘텐츠에 잘 반응할 만한 층을 확보함으로써 추후 마케팅 효율을 높이기 위한 기반으로 활용할 수 있는 것이다. 리마케팅의 모수가 너무 적을 경우 유사 타깃의 개념을 활용하면 된다. 유사 타깃이란 페이스북에서 특히 잘 활용되는 개념으로, 특정 행동을 한 사용자(예를 들어 브랜드의 동영상을 시청한 사용자)와 유사한 성향을 가진 대상(인구통계학적 특징, 좋아하는 페이지의 성격, 반응하는 콘텐츠의 성격 등 다양)을 일컫는다. 비록 당신의 영상을 보지는 않았지만 당신의 영상에 반응한 사용자들과 유사한 성향을 가진 사람이라면 향후 광고에 반응하거나 고객이 될 가능성이 높지 않겠는가.

이러한 이유로 다양한 마케팅 커뮤니케이션을 위해서는 광고매체 집행은 너무나도 당연하다. 매체 집행에 너무 의존해서도 안 되지만 집행이 없을 경우에는 효과를 보기 무척 어렵다는 것을 반드시 염두에 두어야 한다.

동영상 광고집행을 위한 준비

광고대행사에서 근무하면서 가장 많이 듣는 질문 중 하나가 '매체는 얼마 정도 집행해야 어느 정도 효과가 나올 수 있을까' 하는 것이다. 정답은 '누구도 알 수 없다'이다. 매체에 가장 큰 돈이 들어가기는 하지만 어떤 매체에서 얼만큼을 집행해야 하는가에 대한 정답은 없다. 특히 현재 동영상 광고 시장은 여러 갈래로 나뉘어가고 있는 중이고 사업자들 간의 경쟁도 치열해지는 상황이다 보니 딱히 정답이라고 할 수 있는 것이 없다. 그럼 어떻게 광고에 대한 척도를 대략적으로라도 가늠해볼 수 있을까?

먼저, 해당 동영상 광고의 목적을 고려해야 한다. "조회수도 많이 나와야 하고, 클릭도 발생해야 하고요. 조회수나 클릭은 저희 핵심 타깃에게서 주로 많이 나와야 하면서 CPV*도 낮아야 합니다. 그런 가운데 참여자도 많이 생기면서도, 브랜드 인지도는 당연히 높아지면서 매출까지 나와야 합니다." 동영상 광고를 하면서 많이 듣게 되는 가장 말도

---

* Cost Per View, 동영상 조회당 비용

안 되는 요구사항이다. 비단 동영상 광고만 이런 요구사항을 받는 것은 아니지만, 특히 동영상 광고를 집행할 때 소재가 주는 임팩트나 제작비 때문인지 이렇게 많은 것을 요구하는 경우가 많다. 결론적으로 말해서 저런 광고는 집행이 거의 불가능하다. 한 번의 광고로 저 모든 것을 만족할 수 있는 경우는 거의 없다고 볼 수 있다.

목적과 타깃을 고려한 제작과 광고집행이어야 한다. 이 동영상을 통해서 무엇을 이루고자 하는 것인지 반드시 깊게 생각해볼 필요가 있다. '브랜드 인지도를 높이기 위해서 동영상을 제작/배포한다'라는 것은 뜬구름을 잡는 단계이다. '브랜드 인지도를 높인다'가 전제라면 동영상을 통해 무엇을 이야기해서 인지도를 높일 것인가, 그리고 그 동영상은 어떤 사람들이 보았으면 하는가, 즉 핵심 타깃은 누구이고 서브 타깃은 누구인가에 대해서 명확하게 설정해야 한다. 다만 이때 지나치게 좁은 타깃을 대상으로 잡는 것은 경계해야 한다. 예를 들어 핵심 타깃이 디지털 동영상을 잘 소비하지 않는 층이거나 타깃이 너무 좁을 경우 충분히 커뮤니케이션이 안 될 가능성이 높다. 왜냐하면 그 층에게만 광고를 내보내기 위해서 매체를 집행하자면 광고를 보여줄 대상이 적다 보니 내보낼 수 있는 인벤토리가 부족하기 때문이다. 따라서 서브 타깃의 설정은 매우 중요한데, 메인 타깃과 겹치지 않는 범위이면서 메인 타깃의 입맛을 갖춘 대상이거나 메인 타깃에게 구전해줄 수 있는 대상이어야 할 것이다.

타깃을 정했다면 이제 집행하는 동영상 광고가 갖는 KPI*를 구체적으로 설정해야 한다. 많은 사람에게 이 동영상이 보여지는 것이라면 조회수view, 적은 비용 대비 보여지는 것이 목적이라면 조회당 비용 CPV, 핵심 타깃들에게만 주로 보여져야 하는 광고라면 타깃 도달Target Reach과 같이 핵심적인 내용을 KPI로 잡아야 한다. 만일 뷰도 많이 나오면서 CPV는 낮게 잡고, 그 중에서 타깃 도달도 많이 이루어지기를 바란다면 무엇 하나 제대로 잡을 수 없다. 타깃 도달을 위주로 높이려다 보면 광고 인벤토리**가 부족해 조회수가 많이 나오지 않거나 효율이 떨어져서 CPV가 크게 높아질 가능성이 있을뿐더러 정해진 예산을 소진하지 못하는 경우가 발생할 수 있다. CPV를 위주로 간다면 타깃 도달을 제대로 이루지 못할 가능성이 높다. 따라서 가장 중요한 지표가 무엇인지 생각해봐야 한다. 효율성을 위주로 고려할 것인가, 아니면 널리 퍼지는 것이 목적인가, 그도 아니면 나의 타깃들만 이 광고를 보는 것이 중요한가.

목적, 타깃, 그리고 KPI가 잘 설정되었다면 이를 이루기 위해 어떤 매체를 선택할 것인지 판단할 단계이다. 각 매체에 관한 설명은 이후에 다시 하겠지만, 여기서 중요한 것은 각 매체가 해당 KPI와 타깃에 얼마나 잘 맞아떨어지는가를 잘 생각해보는 일이다. 즉 내 타깃들이 잘 사용하는 매체인지, 주로 통용되는 콘텐츠가 우리 타깃이나 제품의 특성과 유사하게 맞을지, 예산 소진에는 별다른 문제가 없을지 등에

---

* Key Performance Index, 핵심 목표를 달성하기 위해서 설정하는 지표
** 광고를 내보낼 수 있는 공간

대해서 고려해야 한다.

그 다음에 가서야 '광고를 얼마나 하는 것이 좋을지' 판단해볼 수 있겠다. 사실 금액이 크면 큰 대로, 작으면 작은 대로 할 수 있는 것이 디지털 매체 광고이긴 하지만, 메인 타깃과 서브 타깃에게 모두 닿게 할것인지, 소셜미디어 바이럴 활동과 같은 부가적인 내용이 필요한지, 부가 콘텐츠 제작이 필요한지, 향후 또 다른 콘텐츠 광고가 따라붙을지 아닌지에 따라서 예산을 결정해야 한다. 누구나 다 알지만 실제로 지키는 사람은 별로 없는 이 프로세스만 잘 설정해도 마케팅 효율성이 크게 올라갈 수 있다.

동영상 광고의 길이 문제

동영상은 단순히 화면의 영역을 차지하는 배너와 같은 디스플레이 광고와는 다르게 '시간' 개념이 들어간 광고이다. 그렇다 보니 적당한 동영상 광고의 길이는 항상 숙제처럼 남게 된다. 마케터가 제작한 영상이 2분, 5분이라고 하면 이걸 모두 광고에 적당한 영역이라고 해야 할까, 아니면 15초, 30초와 같이 기존의 광고형태를 답습해야 할까?

이에 관해서는 콘텐츠의 내용이나 성격, 조사 기준 등에 따라서 다소 차이가 있으나, 'Top 50 유튜브 비디오의 길이'를 조사한 결과 평균 길이는 2분 54초였다.[*] 그림26 약 3분 정도가 가장 적절하다는 것이다. 그런데 동일한 조사에서 살펴보면 순위가 높을수록 동영상의 길이가 짧은 것이 아니라 오히려 길어지는 경향을 보인다는 사실을 알수 있다.

스내커블 콘텐츠 이야기가 나오면서 콘텐츠는 짧을수록 좋다는 것이

[*] Greg Jarboe (2012. 11. 5), "What's the Ideal Length for a YouTube Marketing Video? A look into Video Duration vs. Social Sharing", Reelse, http://www.reelseo.com/length-youtube-video/

그림26 ▶

- 가장 많이 공유된 TOP 50 비디오 광고의 평균 길이

Top 10 − 4 minutes 11 seconds (2,513 total seconds−does not include "Kony 2012")

11−20−2 minutes 30 seconds (1,501 total seconds)

21−30−3 minutes 5 seconds (1,849 total seconds)

31−40−2 minutes 57 seconds (1,770 total seconds)

41−50−1 minute 45 seconds (1,049 total seconds)

Top 50−2 minutes 54 seconds (8,682 total seconds−does not include "Kony 2012")

정설처럼 받아들여지고 있다. 하지만 정작 가장 인기 있는 콘텐츠의 경우는 4분을 넘어가는 꽤 긴 광고인 것을 보면 짧은 것만이 능사는 아닌 것이다. 이 자료를 보면 동영상 광고의 적절한 길이란 이 콘텐츠가 얼마나 재미있느냐, 얼마나 가치 있게 느껴지느냐에 따라서 달라진다는 것을 알 수 있다. 다만 이 조사 역시도 완벽하게 정답이라고 하기에는 다소 무리가 있는데, 시청자의 참여도와 관심도의 척도를 기준으로 했기 때문에 얼마나 그 광고에 관여했는가에 초점이 맞춰져 있다. 조회수를 많이 불러일으키는 것과는 기준이 다소 다르다고 하겠다.

그렇다면 조회수나 시청 완료율을 기준으로 하면 어느 정도의 길이가 좋은 걸까? 한 조사에 따르면 '짧을수록 좋다'라고 이야기한다. 어

찌 보면 시청 완료율로 보았을 때는 짧을수록 좋을 수밖에 없을 것 같기도 하다. 그러면 도대체 얼마나 짧아야 한다는 것일까? 마케터의 메시지를 충분히 담아낼 수 있는 시간을 확보하면서도 시청 완료로 유도하기에 크게 부담이 없는 적절한 수준은 어디일까? 다음에서 소개하는 조사결과*가 어느 정도 유효한 힌트가 될 수 있을 것이다.

비디오 길이에 따른 평균 시청율을 보면 당연하게도 짧은 동영상일수록 시청하는 데 큰 거리낌이 없는 것으로 나타난다. 그림27 그리고 시간이 늘어남에 따라 그 비율은 점차 감소하는데, 2~5분까지는 크게 변화가 없음을 알 수 있다. 즉 동영상의 길이가 30초 이내로 들어오지 못하고 2분을 넘어가는 상황이라면 실제로 5분 정도까지 동영상 길이가 길어진다 하더라도 시청율이 크게 떨어지지는 않는다는 것을 의미한다. 이후 5분이 넘어가면 다소 꺾이는 듯하다가 10분이 넘어가면서 다시 크게 낮아지는 것을 볼 수 있다(이 조사결과에서는 4분에서 10분까지는 별다른 변화가 없다고 기술하고 있지만, 광고를 이렇게 길게 만드는 것도 흔한 일은 아니므로 편의상 2분을 기준으로 보았다).

이 조사는 동영상 시청자들의 참여율이 어떻게 변해가는지도 관찰했는데, 역시 10분이 넘어가는 동영상의 경우에 급격하게 참여율이 떨어지는 것을 알 수 있다. 그림28 특히 동영상의 길이가 길면 길수록 초반

* Ben Ruedlinger (2012. 5. 7), "Does length matter?", Wista, http://wistia.com/blog/does-length-matter-it-does-for-video-2k12-edition

그림27 ▶

비디오 길이에 따른
평균 시청율

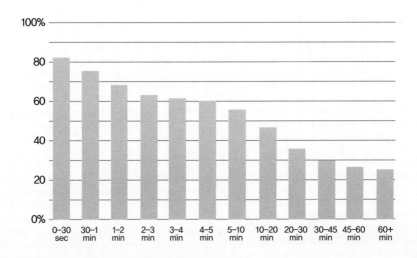

WISTIA VIDEO ANALYTICS: LENGTH MATTERS

출처: http://wistia.com/blog/does-length-matter-it-does-for-video-2k12-edition

그림28 ▶

비디오 길이에 따른
시청자 참여율

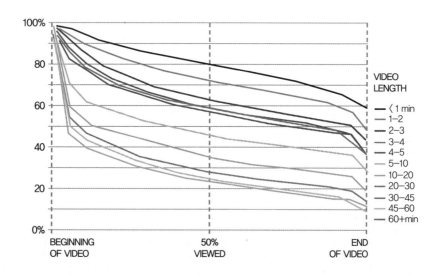

VIDEO
LENGTH

— 〈 1 min
— 1–2
— 2–3
— 3–4
— 4–5
— 5–10
— 10–20
— 20–30
— 30–45
— 45–60
— 60+min

100%

80

60

40

20

0%

BEGINNING
OF VIDEO

50%
VIEWED

END
OF VIDEO

출처: http://wistia.com/blog/does-length-matter-it-does-for-video-2k12-edition

에 참여율이 크게 떨어지는 것을 볼 수 있다. 시청자들이 길이를 보고 이미 해당 영상을 보는 것을 포기할 가능성이 높기 때문이 아닌가 추측된다.

이런 측면을 고려할 때, 적절한 동영상의 길이는 약 3분 정도이며 길어도 5분을 넘지 않는 것이 좋을 것이라고 생각된다. 또한 초기에 참여/관여율이 높고 그 뒤로는 계속해서 비율이 떨어진다는 점을 볼 때, 어떤 행위를 유도하기 위해 전달하고자 하는 핵심 메시지는 가능한 한 앞쪽에 배치해 조금이라도 더 많은 시청자가 광고에 참여하거나 핵심 메시지를 전달받을 수 있도록 해야 할 것이다.

이러한 조사결과가 일반적으로 동영상을 보기 위한 공간에서 적절한 광고 콘텐츠 길이라고 한다면, 타임라인 형태의 광고는 과연 어떨까? 페이스북은 실제로 동영상 콘텐츠를 즐기기 위한 플랫폼이라고는 볼 수 없다. 단지 많은 콘텐츠 중에 동영상이 있을 뿐이다. 그러다 보니 동영상 콘텐츠 앞에 광고가 붙는 형태가 아닌 타임라인에서 동영상 광고가 '나타나는' 형태로 광고 인벤토리를 형성해놓았다. 그럼 과연 이런 타임라인 방식에서는 어느 정도의 동영상 길이가 적절할까?

소셜미디어 분석 솔루션을 제작하는 전문업체인 '소셜베이커스 Socialbakers'가 조사한 자료에 따르면, 페이스북에서 일반적으로 소비되는 동영상의 길이는 평균 44초[*]라고 한다. 이 길이는 유튜브의 조사결과인 4분여에 비해 무척 짧은데, 이는 타임라인이 갖는 특성 때문인 것으로 보인다. 페이스북의 타임라인은 위아래로 쉽게 넘어갈 수 있을

그림29 ▶

Facebook Video Retention by Video Length(seconds)

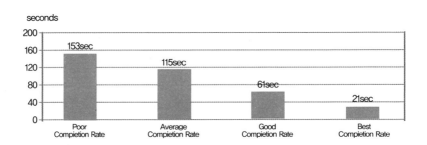

그림30 ▶

Facebook Video Viewer Retention

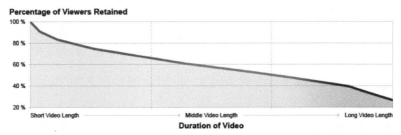

Data Range: July 2014
Data: From roughly 1,000 pages that posted 3,000 videos.Viewer Retention data is directly from Facebook's API converted
from their intervals of 0-40 to the corresponding percentages

뿐만 아니라 동영상 콘텐츠 하나만을 소비하는 데 주어진 다른 요소들(타임라인상의 다른 콘텐츠, 광고, 많은 버튼 등)이 오랜 시청을 방해하고, 동영상에 대해 조금이라도 흥미를 잃으면 빠르게 그 콘텐츠를 벗어날 수 있다. 때문에 오랜 시간 하나의 동영상만을 시청하기에는 유튜브와 같은 동영상 전문 채널에 비해서 불리하다고 해석할 수 있다.

실제 페이스북에서 비디오를 끝까지 보는 비율을 크게 25% 단위 네 가지로 나누어 조사한 결과 가장 좋은 완료율은 21초 이하였으며, 50% 비율까지 가려면 61초 이하여야 한다는 결과가 나왔다. 그림29 즉 1분이 넘지 않아야 완료할 가능성이 평균보다 높은 수치를 기록한다는 것을 뜻한다. 확실히 페이스북 사용자들은 동영상에 오랜 시간을 투자할 마음이 별로 없다는 것을 알 수 있다.

길이의 척도에 따른 페이스북 동영상 시청자의 잔존율 차이를 보면 굉장히 고르게 나타남을 알 수 있을 것이다. 즉 동영상의 길이가 길어지면 길어질수록 그 시간만큼 시청자 잔존율이 낮아진다. 그렇다면 페이스북에서 동영상 광고를 실행할 때 특히 염두에 두어야 하는 것은 '시간'이다. 같은 영상이라 하더라도 유튜브는 페이스북에 비해 시간의 구애를 덜 받는데, 페이스북은 동영상 시간에 비례해서 잔존율이 낮아지기 때문이다. 동영상까지 소셜미디어와 동영상 전문 채

● Chad Wittman (2014), "Want to succeed with Facebook videos? Keep them short", http://www.socialbakers.com/blog/2222-want-to-succeed-with-facebook-videos-keep-them-short

널을 구분해서 제작하거나 편집해야 하니 정말 마케터들은 힘들 수밖에 없다.

'5초의 메시지' 집중 전략

마케터들은 다양한 관점에서 동영상 광고의 길이를 고려하고, 콘텐츠 소재에 대해 고민하고, 어떻게 하면 광고를 더 많이 볼 수 있게 만들 수 있을까를 고민한다.

그런데 시청자들이 피하기 어려운 절대적인 동영상 광고의 길이가 있다. 바로 5초이다. 디지털 동영상 광고의 중요성에 대한 인식이 점차 늘어나고 광고집행 비용이 늘어나면서 마케터들은 경험적으로 브랜드 콘텐츠에서의 '5초 메시지'가 상당히 중요하다는 것을 알게 되었다. 일반적으로 디지털 동영상 광고는 5초 안에 그것을 볼지 말지가 시청자들에 의해 선택된다. 거의 대부분의 사용자들은 5초 후 나타나는 스킵 SKIP 버튼을 기다리고 있기 때문에 5초 안에 이 광고를 더 보게끔 만들 필요가 있다.

한 설문조사 결과에 따르면 90%가 넘는 디지털 동영상 시청자들이 5초 스킵 버튼을 클릭한 경험이 있다고 답변했다. 그림31 거의 모든 디지털 동영상 시청자들이 5초 이후에는 동영상을 넘길 수 있다는 것을 인지하고 있고 그 버튼을 클릭해본 적이 있다고 해석되는 부분이다. 시

그림31 ▶

DMC (2015. 6), "온라인 동영상 시청행태 및 광고효과", DMC Report

■ 경험　■ 비경험　　　　　　　　　　(단위: %)

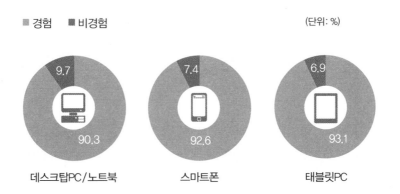

데스크탑PC/노트북　　　　스마트폰　　　　　태블릿PC

Base: 온라인 동영상 광고 시청 경험자 전체(n=819),
데스크탑PC/노트북(n=266) 스마트폰(n=497) 태블릿PC(n=56)

작은 유튜브 광고였지만 지금은 거의 대부분의 동영상 광고 플랫폼에서 5초 스킵을 지원하고 있기 때문에 이제 5초는 대부분의 동영상 서비스 플랫폼에서 매우 중요한 요소로 자리 잡았다.

어떻게 마케터들에게 주어진 5초를 활용할 것인가? 몇가지 전략을 구체적인 사례를 보면서 정리해보자.

5초 안에 메시지를 모두 쏟아붓기

먼저, 5초 안에 할 말을 모두 쏟아부어 시청자들이 이후 광고를 보든 말든 광고효과에 크게 영향을 미치지 않도록 만드는 방법이 있다. 이 경우에는 5초 뒤의 메시지는 부록이나 다름없고 시청자가 광고를 5초 후에 넘기더라도 메시지가 크게 흐려지지 않는다는 장점이 있다. 이렇게 메시지가 강렬하게 주입되는 사례로는 아우디 R8의 3.5초 광고를 들 수 있다. 그림32

아우디 R8은 유튜브의 5초 광고 스킵 기능을 활용해서 자사의 R8 모델이 100km/h에 도달하는 시간이 3.5초밖에 걸리지 않음을 강조하는 광고를 집행했다. 그리고 5초 뒤 오히려 사용자들에게 광고를 넘길 것을 권유한다. 광고를 스킵하면 유튜브에서는 광고집행 금액을 청구하지 않기 때문에 아우디에게는 오히려 더 좋은 조건이라는 것이다. 이 사례를 보면 단 5초 안에 제품의 USP를 어떻게 설명하느냐에 따라서 오

그림32 ▶

아우디 R8 유튜브 광고

출처: https://www.youtube.com/watch?v=ABJYQhNW2f8

그림33 ▶

GEICO의
Unskippable 캠페인

출처: https://www.youtube.com/watch?v=pvcj9xptNOQ

히려 5초 후 광고를 더 보여줄 이유가 없어지게 만들 수도 있다. 결국 아우디 R8 광고는 실제로는 15초 이상 광고를 제작할 이유도 없었다.

이렇게 5초 안에 메시지를 집중시키고 스킵을 유도하는 광고가 있는 반면, 5초 안에 할 말은 다 해놓고 이후 광고를 볼지 안 볼지에 대해서는 시청자들에게 맡겨 재미있는 콘텐츠로 유도하는 광고도 있다. 바로 보험사 GEICO의 광고이다. 그림33 GEICO는 'Unskippable' 캠페인을 집행하면서 5초 동안 광고의 내용을 모두 이야기해 광고를 피할 수 없게 만들었다. 그리고 그 이후 상황을 유쾌하게 만듦으로써 오히려 시청자들이 광고에 더 집중될 수 있도록 유도했다. 광고가 끝나고 난 뒤의 콘텐츠를 즐길 수 있게끔 숨겨 두어 시청자들의 만족스러운 반응을 이끌어낸 것이다.

GEICO는 아우디의 광고와 닮은 점이 있지만 콘텐츠를 즐기게끔 만들었다는 점에서 크게 다르다. 실제로 GEICO 광고는 짧게는 30여 초에서 길게는 1분 이상 가기 때문이다. 공통점이 있다면 실제 광고내용은 앞의 5초 안에 다 말해버린다는 것이다.

궁금증을 유발해 광고를 보게 만들기

5초 제약을 해결하기 위해 광고를 넘기지 못하게 하는 방법으로 5초 안에 궁금증을 유발하는 내용을 제시하고 광고 후반부에 정답을 제공하는 방식이 있다. 결국 사용자들이 궁금증을 해결하기 위해서는 광고를 끝까지 시청해야 하는 점을 노린 것이다. 이 방법은 앞에서 설명했던 메시지를 5초 안에 모두 표시하는 것과는 완전히 다른 방법이라고 할 수 있다. 다만 이 방법의 경우에는 어떻게 흥미를 끌 수 있는 콘텐츠를 추가적으로 제작할 것인가가 다시 숙제로 남는다.

현대캐피탈의 경우는 본격적인 광고가 시작하기 전에 광고 메시지는 간접적으로만 노출하고 사용자들의 궁금증을 유발하는 광고를 집행해 재미있는 사례를 만들었다. 그림34 실제 광고와는 사실상 크게 관련 없는 콘텐츠이지만 톱질을 몇 번 했는지, 다른 그림을 찾는다든지 하는 간단한 퀴즈를 내고 정답은 30초 후에 공개하는 방식이다. 결국 사용자들은 이 광고가 무엇에 관련된 것이든지 우선 관심을 기울이게 되며, 광고는 시간을 건너뛰면서 볼 수 없기 때문에 어쩔 수 없이 광고를 끝까지 시청해야 한다. 물론 광고 그 자체에 집중하게 만드는 방법이라고 보기는 어렵지만 주의를 환기시키고 광고의 마지막까지 보게 만든다는 점에서는 플랫폼을 잘 활용한 좋은 아이디어라 하겠다.

그림34 ▶

현대캐피탈 집중 캠페인

출처: https://www.youtube.com/watch?v=YsSbkIKtiVs

그림35 ▶

LG U+ LTE 이엉돈PD의
데이터X파일 캠페인

출처: https://www.youtube.com/watch?v=JRa_7dxhgNl

광고를 넘기지 않도록 직접 요구하기

이 방식은 유튜브 광고에서 '5초 스킵'을 도입한 이후 가장 많이 시도되는 방법이다. 스킵 버튼을 누르지 말라는 메시지를 광고 내 모델이나 캐릭터가 5초 동안 이야기함으로써 시청자의 관심과 웃음을 유발해 결국 5초 이후에 메시지를 넘기지 않도록 유도하는 방식이다. 그림35 5초 안에 메시지를 담고 있지는 않지만 일반적으로 광고에서 할 말을 다 하고 끝내버린다는 개념보다는 좀 더 사용자에게 친근하게 다가가는 형태라고 볼 수 있다. 아무래도 전통적인 방식이다 보니 디지털 동영상 광고에서는 흔히 볼 수 있고, 아예 TV 광고를 제작할 때도 디지털 동영상 광고를 염두에 두고 촬영하는 경우가 많다.

이렇게 다양한 아이디어와 활동을 통해서 사람들이 좀 더 동영상 광고에 관여하거나 메시지를 받아들일 수 있도록 5초를 활용하기도 한다. 5초를 활용하는 것은 콘텐츠 측면에서 플랫폼의 한계를 넘어가려는 부분이라면, 플랫폼 그 자체를 어떤 것을 활용하느냐, 즉 동영상 광고를 어디에서 노출시킬 것인가는 어찌 보면 5초를 활용하는 아이디어보다 더 중요한 부분이라고 할 수 있다. 왜냐하면 브랜드의 핵심 타깃들, 메시지를 충분히 받아들일 수 있는 사람들에게 광고를 내보내는 것이 그냥 스킵 버튼을 누르지 못하게 하는 것보다 광고목적에 더 가깝게 다가가 있기 때문이다.

그럼 실제로 어떤 동영상 광고형태가 있을까? 앞서 동영상을 제공하는 형태로 '동영상 채널'을 활용한 방법과 '타임라인' 형태가 있다는 이야기를 했다. 동영상 채널의 대표적인 예시로는 유튜브YouTube를 들었고 타임라인 형태의 대표 예시로는 페이스북Facebook을 들었다. 피키캐스트, 몬캐스트와 같은 콘텐츠 큐레이션 플랫폼도 이에 포함된다. 동영상 광고에서도 유사하게 두 형태를 대표적으로 꼽을 수 있다. 여기에 '광고'에 한정해서 추가로 몇 가지 형태가 더 있는데, '애드 네트워크Ad network' 형태와 일반적인 '디스플레이 애드Display ad' 형태에서 변형을 가져온 '리치미디어Rich media' 형태, 그리고 인터넷 프로토콜 방식을 사용하지만 타 플랫폼으로 나가는 형태인 '크로스미디어 플랫폼Cross media platform' 형태 등이 그것이다.

5

동영상 광고
인벤토리의 형태별
효율성 분석

동영상 채널 형태

　동영상 채널은 기본적으로 '디지털 동영상 광고'라고 하면 가장 먼저 떠오르는 방식이 아닐까 싶다. 다른 아무런 정보 없이 '디지털 동영상 광고' 하면 많은 사람들이 "유튜브 광고 같은 걸 말하는 건가?"라고 할 것이다. 동영상 채널 형태의 매체들은 기본적으로 직접 시청자나 콘텐츠 제작자, 유통사가 자신의 동영상을 유통하기 위해서 콘텐츠를 올리는 채널을 의미한다. 대표적인 서비스로 '유튜브', '데일리모션Dailymotion' 등이 있는데, 이들이 '동영상' 하면 가장 먼저 떠오르는 서비스군이다. 국내 서비스로는 '네이버TV캐스트'나 '다음TV팟', '곰TV', '아프리카TV', '판도라TV' 등을 예로 들 수 있다. 언뜻 보기에는 모두 매우 유사한 동영상 제공 플랫폼으로 인식하기 쉽지만 실제로는 서로 전혀 다른 성격을 지니고 있다. 동영상을 제공한다는 측면에서는 동일하지만 어떤 동영상을 어떤 관점에서 제공하느냐는 각 플랫폼 제공사마다 크게 차이가 난다. 그림36 그림37 그림38

그림36 ▶

유튜브는 콘텐츠 생산/소비의
개인화에 초점을 맞춘다.
첫 화면에 이런 철학을 반영해
개인이 소비한 콘텐츠와
유사한 콘텐츠를 추천해준다.

그림37

네이버TV캐스트는 보다
TV 콘텐츠와 같이 사용자의
생산에 기반하기보다는 소비에
기반한 동영상 콘텐츠를
우선적으로 내세운다.

그림38 ▶

아프리카TV는 개인방송에
초점을 맞추고 있으며 다양한
개인방송을 분야별로 구분해
제공하는 데 집중한다.

개인화에 집중하는 유튜브와 같은 플랫폼은 특정 콘텐츠 제공자들도 있지만(예를 들면 방송사나 영화사 등), 기본적으로 추구하는 방향성은 개인이 생산하고 소비하는 채널로 인식되는 것이라고 볼 수 있다. 이에 따라 시청자에게 추천해주는 영상 역시 시청자가 주로 보는 영상이나 채널의 성격과 유사한 동영상이며, 일반적인 광고 이외에는 굳이 콘텐츠 제작사나 유통사의 동영상을 전면에 내세우지는 않는다.

반면, '네이버TV캐스트'는 개인에게 집중하기보다는 콘텐츠를 생산하거나 유통하는 제작/유통사의 동영상 콘텐츠를 유통하는 데 중점을 둔다고 볼 수 있다. 실제로 TV캐스트의 메인 페이지를 보면 개인이 생산한 콘텐츠는 거의 보이지 않고 대부분 TV에서 방영되었던 콘텐츠나 제작사들이 제공하는 콘텐츠로 구성되어 있다. 최근 네이버 역시 플레이그라운드 등을 앞세워 개인 생산으로 영역을 확장하려고 하지만, 가장 큰 방점은 제작/유통사에 의한 동영상 유통 플랫폼이라고 보는 것이 정확할 것이다.

이 둘과는 다소 다른 형태를 보이는 동영상 플랫폼이 있는데, 개인 방송 위주로 콘텐츠의 생산과 소비가 이루어지는 '아프리카TV'이다. 이는 콘텐츠 제작자가 별도로 있다는 것(그게 개인일지라도), 라이브 스트리밍 위주의 동영상 플랫폼이라는 점에서 위에서 이야기한 두 플랫폼과는 성격의 차이가 있다.

한국에서의 동영상 채널 이용률

DMC에 따르면 전체 평균으로 볼 때 유튜브가 40.3%로 가장 많이 사용하는 동영상 채널로 조사되었으며, 그 뒤를 네이버TV캐스트, 페이스북, 다음TV팟이 잇는다. *그림39 동영상 채널만 따로 떼어놓고 생각한다면 유튜브, 네이버TV캐스트, 다음TV팟 순이라고 볼 수 있는데, 아직까지 유튜브가 절대적인 우위를 차지한다. 아무래도 디지털/인터넷 동영상이라고 하면 유튜브가 가장 먼저 떠오르기 때문에 많은 사람들이 유튜브를 가장 많이 활용한다고 답변한 것으로 보인다. 그러나 좀 더 자세히 유튜브와 타 동영상 채널들 사이의 간극을 다양한 측면에서 살펴보면 상당히 변화가 생긴 것을 알 수 있다.

먼저 가장 눈에 띄는 변화는 모바일 웹 관련 부분이다. 모바일 웹에서는 유튜브가 체류시간 및 월간 순 방문자 수 모두 주춤하면서 떨어지는 양상을 보인다. 그림40 그림41 모바일 웹에서의 이용시간은 10~20여 분 남짓인데, 동영상 전문 채널 간에 큰 차이를 보이지는 않지만 네이버TV캐스트는 20분을 넘으며 가장 높은 수치를 기록했다. 이는 지상파 콘텐츠 유통이 유튜브에서 빠지고 네이버TV캐스트와 다음TV팟으로 가게 되다 보니 콘텐츠의 파워에 따른 차이가 아닌가 해석할 수 있겠다.

• DMC (2015. 6), "온라인 동영상 시청행태 및 광고효과", DMC Report

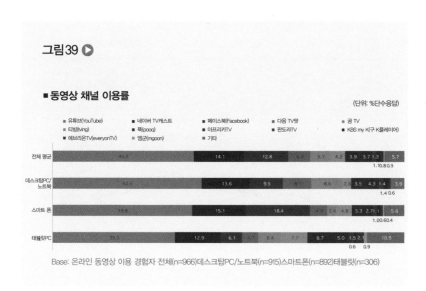

그림39 ▶

■ 동영상 채널 이용률

(단위: %단수응답)

■ 유튜브(YouTube)　　■ 네이버 TV캐스트　　■ 페이스북(Facebook)　　■ 다음 TV팟　　■ 곰 TV
■ 티빙(tving)　　■ 푹(pooq)　　■ 아프리카TV　　■ 판도라TV　　■ KBS my K(구 K플레이어)
■ 에브리온TV(everyonTV)　　■ 엠군(mgoon)　　■ 기타

	유튜브	네이버 TV캐스트	페이스북	다음 TV팟	곰 TV	티빙	푹	아프리카TV	판도라TV	KBS my K	에브리온TV	엠군	기타
전체 평균	40.3	14.1	12.8		4.2	3.9	3.7	1.3		1.1	0.8	0.3	5.7
데스크탑PC/노트북	42.5	13.6	9.5	8.6	2.7	3.5	4.3	1.4	1.4	0.6			3.9
스마트 폰	39.8	15.1	18.4	3.9	2.4	4.6	3.3	2.7	1.1	1.0	0.6	0.4	5.8
태블릿PC	33.9	12.9	6.1	4.7	8.4	7.7	6.7	5.0	1.5	2.1	0.6	0.9	10.5

Base: 온라인 동영상 이용 경험자 전체(n=966)데스크탑PC/노트북(n=915)스마트폰(n=892)태블릿(n=306)

모바일 웹 월간 순 방문자 수 차이를 보면 그 여파는 더욱 극명한 것으로 보인다. 유튜브는 최초로 2015년 8월에 네이버TV캐스트에 모바일 웹 월간 순 방문자 수를 추월당했으며, 전반적으로 국내 동영상 플랫폼에서 유튜브의 하락은 피할 수 없는 숙명인 것처럼 이야기되곤 했다.

이 같은 변화가 나타나게 된 것은 SMR*의 역할 때문으로 볼 수 있다. SMR이 유튜브에 보유하고 있는 방송 콘텐츠를 제공하지 않으면서 유튜브에서 국내 방송 콘텐츠를 시청할 수 있는 길이 원천적으로 막혀

---

* Smart Media Rep. SBS미디어홀딩스, MBC, iMBC가 주주로 있는 회사로 PC나 모바일, 스마트TV 등에 제공되는 VOD에 대한 영업대행권을 가진 회사이다. 국내 지상파 방송사 및 기타 회원사(JTBC, 채널A, TV조선, CJ E&M 등)의 VOD 콘텐츠를 제공하고 수익화하는 역할을 하는데, 유튜브에 콘텐츠를 제공하지 않고 네이버TV캐스트, 다음TV팟 등 국내 포털사에게 방송 VOD 및 클립을 공급하고 있다.

그림40 ▶

동영상 채널 3사 모바일 웹
월간 순 이용자 수 비교
(닐슨코리안클릭, 2015. 10)

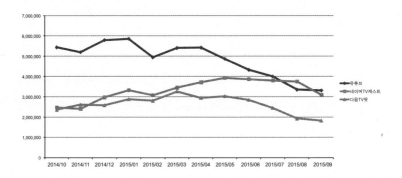

그림41 ▶

동영상 채널 3사 모바일 웹
평균 체류시간 비교
(닐슨코리안클릭, 2015. 10)

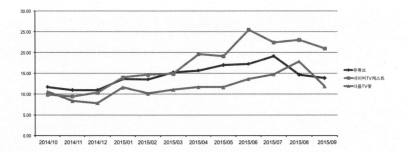

버렸다. 이에 따라 과거에는 유튜브에서 방송사 콘텐츠의 VOD나 클립을 즐기던 시청자들이 포털로 이동해 콘텐츠를 소비하기 때문에 사용자 수와 체류시간 양쪽 모두 네이버TV캐스트나 다음TV팟과 같은 포털사들이 크게 증가할 수 있었다. 특히 체류시간 측면에서는 이미 유튜브를 앞지르고 있는 것으로 나타난다. 아무래도 방송사 콘텐츠의 영상이 길이가 길고 애초에 콘텐츠를 즐기러 들어온 시청자의 목적이 해당 콘텐츠를 보는 것에 있었으므로(유튜브처럼 이 영상 저 영상을 찾아 헤맨다기보다는 확실히 시청자가 보고 싶은 콘텐츠가 있다는 의미), 콘텐츠 시청 중 중간이탈 현상이 적게 나타난 것으로 추정할 수 있다.

이런 시기에 페이스북과 같은 소셜미디어 플랫폼이 동영상 채널 영역에 적극적으로 진입하는 모습을 보이고 있으니 유튜브의 굳건한 동영상 1위 자리의 기반이 조금 흔들리는 것이 아닌가 하는 생각마저 들 정도다. 그러나 이는 어찌 보면 너무 이른 해석일지도 모른다. 왜냐하면 통계수치 자체가 '모바일 웹'에 한정된 단편적인 데이터이기 때문에 이것만 가지고 유튜브의 위상이 위험하다고 하기에는 뭔가 부족한 면이 있다. 따라서 다양한 측면에서 데이터를 측정해볼 필요가 있다.

우선 데스크톱에서의 이용시간은 제법 차이가 큰 편이다. 그림43 유튜브가 지속적으로 가장 높은 수치를 기록하고 있으며, 2015년 6월을 기점으로 이용시간이 크게 증가한 것을 볼 수 있다. 데스크톱으로 콘텐츠를 즐기는 시청자들이 오히려 SMR의 콘텐츠가 유튜브에 제공되지 않았음에도 불구하고 유튜브에 더 오래 머물렀다는 것이다. 어찌 보면

그림42 ▶

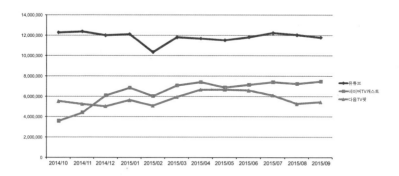

그림43 ▶

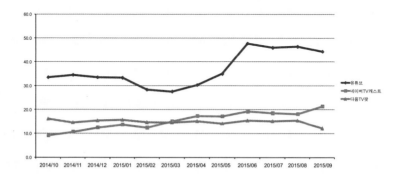

기이한 현상이 아닐 수 없다. 네이버TV캐스트가 지속적으로 상승곡선의 흐름을 타고 있기 때문에 SMR 콘텐츠의 영향이 없었다고 볼 수는 없다. 하지만 이것이 유튜브에 큰 타격을 주었다고 하기에는 데스크톱에서의 이용시간의 변화양상은 다소 다른 결과를 보여준다.

데스크톱에서의 순 이용자 수의 경우에도 네이버TV캐스트가 2014년 하반기 이후 약진이 있었으나 유튜브를 뛰어넘기에는 역부족이었고, 유튜브도 순 이용자 수가 감소했다고 보기에는 어려운 수준이다.그림42 여전히 데스크톱에서는 유튜브가 가장 강력한 동영상 플랫폼으로 굳건하게 자리를 지키고 있는 것이다. 다만 방문자 수 측면에서 타 동영상 플랫폼과의 간극이 다소 줄어들었다고는 할 수 있을 것이다. 유튜브의 힘이 약해졌다기보다는 전반적인 동영상 소비량이 늘어났다고 보는 편이 좀 더 정확할 수도 있겠다.

모바일에서의 서비스 사용량은 일반적으로 '웹'이 아니라 '앱'을 기준으로 평가한다. 아무래도 모바일 이용시간의 대부분을 앱에서 보내기 때문인데, 이 조사에서는 네이버TV캐스트가 별도의 앱을 보유하고 있지 않기 때문에 조사에 한계가 있었다.

우선 앱 사용량으로 보면 유튜브는 1,800만~2,000만에 육박할 정도로 숫자의 차이가 굉장히 많이 나는 것을 볼 수 있는데, 이는 안드로이드 사용자가 많은 한국의 특수성을 감안할 필요가 있다. 스마트폰 안드로이드 OS 사용자에게는 유튜브 모바일 앱이 이미 설치된 상태로 제공되며, 모바일 웹 등에서 유튜브 콘텐츠를 구동하면 거의 대부분 유튜브 앱으로 넘어가기 때문이다. 어찌 보면 유튜브의 모바일 웹 트래픽이 감소하게 된 원인이 오히려 이쪽에 있을 수도 있겠다. 안드로이드에서 발생하는 유튜브 트래픽을 웹이 아닌 앱으로 넘겨주기 때문에 웹 방문자 수나 체류시간이 떨어지고 있는 것이 아닌가 추측해볼 수 있다. 그림44

　모바일 앱 평균 체류시간을 보면 모바일 웹이나 데스크탑 웹에 비해서 월등하게 높은 것을 볼 수 있다. 그림45 거의 10배에 달하는 수치인데, 이는 실제로 동영상을 소비할 때 웹보다는 앱에서 소비하는 경향이 높은 것이 아니냐는 추론을 가능하게 해준다. 네이버TV캐스트의 정보가 부족한 부분이 아쉬워지는 대목이다. 유튜브와 다음TV팟의 차이를 보면 실제로 이용자 수에 있어서는 차이가 매우 크게 나지만 체류시간은 들쭉날쭉한 경향을 보인다. 이는 앞서도 언급한 바와 같이 '시간'을 잡아먹는 동영상 콘텐츠의 특성상 일정 시간 이상 체류해야만 하는 제약사항이 있기 때문인 것으로 보인다. 즉 다음TV팟의 콘텐츠가 사람들의 시선을 더 오래 사로잡았고, 전반적인 동영상 재생시간이 길었다고 볼 수 있다. 이에 따라 함께 체류시간이 증가한 것으로 보이는데, 지상파 및 케이블TV 콘텐츠가 들어오면서 나타난 현상이 아닌가 생각된다. 메신저나 소셜미디어의 체류시간이 습관성이나 이용 콘텐츠의 성격 등을 규정지어서 차이를 확연하게 느낄 수 있는 반면, 동영상 플랫폼의 체류시간은 전반적으로 시간의 제약이라는 관점에서 콘텐츠의 길이에 많은 영향을 받는 것이라고 추정된다.

그림44 ▶

유튜브, 다음TV팟 모바일
앱 월 순 방문자 수 비교
(닐슨코리안클릭, 2015. 10)

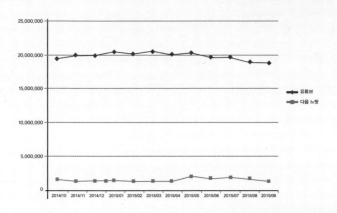

그림45 ▶

유튜브, 다음TV팟 모바일
앱 평균 체류시간 비교
(닐슨코리안클릭, 2015. 10)

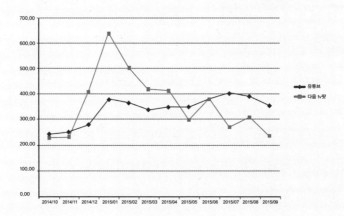

동영상 채널에서의 광고

동영상 채널 광고는 위에서 설명한 다양한 형태를 통해 동영상을 보고 올리고 공유하는 채널에서의 광고를 의미한다. 동영상 채널 광고가 모두 '동영상' 형태를 띤 광고는 아니지만(예를 들어 유튜브에도 배너 광고가 있다) 기본적으로 디지털 동영상 콘텐츠를 생산·소비하는 채널로 가장 기본적인 형태를 띠고 있기 때문에 익숙하다. 일반적으로 동영상 채널에서 보여지는 광고형태는 대부분 'Pre-roll'이라고 불리는 광고이다. 그림46 쉽게 말해, 시청자가 보려는 콘텐츠 앞에 동영상 광고를 삽입하여 광고를 일정 이상 시청해야 콘텐츠를 볼 수 있는 방식의 광고이며, 이는 가장 흔한 형태의 동영상 광고이다. TV에서 기인한 방식의 광고인데, 시청자의 공간과 시간을 동시에 잡아두어야 하는 동영상 광고의 제한 때문에 부득이하게 콘텐츠 앞에 광고를 삽입하는 형태를 띨 수밖에 없다.

한때는 'Pre-roll' 광고가 콘텐츠의 사용을 제약하고 사용자의 경험을 해친다는 이유로 콘텐츠를 모두 보고 나면 나타나는 Post-roll 광고 역시 디지털 동영상 광고형태로 많이 고려되었다. 하지만 앞서 이야기한 것처럼 동영상 완료율이 떨어지는 디지털 동영상 소비행태 때문에 최근에는 그다지 Post-roll을 사용하지 않는다. 앞에서 언급한 모든 형태의 플랫폼에서 대표적인 동영상 광고형태로 Pre-roll을 채택하고 있다. 대부분의 Pre-roll 광고는 앞서 '5초의 메시지에 집중하라' 부분에서도

그림46 ▶

네이버TV캐스트의
Pre-roll 광고

다루었듯이, 광고를 일정 시간(일반적으로 5초) 이상 시청하고 나면 스킵할 수 있는 버튼이 나타난다(그러나 모든 채널이 동일한 룰을 적용하는 것은 아니다. 스킵이 불가능한 15초 광고를 보아야 하거나 어떤 광고는 30초가 되는데도 스킵이 불가능하도록 적용하는 경우가 있다).

스킵이 가능하다 보니 광고를 보지 않기를 희망하는 시청자라면 반드시 버튼을 누르게 되며, 이렇게 광고를 지나치게 되면 일반적으로 광고를 보지 않은 것으로 간주하여 광고비를 청구하지 않는다. 즉 5초 동안 보여주는 것은 무료 개념이며 이후 광고를 더 오랜 시간 시청하게 될 때만 과금하게 된다. 유튜브는 30초 이상 광고를 시청해야 실제 과금이 일어나며, 30초보다 광고의 길이가 짧은 경우 광고 시청을 완료했을 때 과금한다.

최근에는 시청뿐만 아니라 클릭 등의 행위에도 동영상을 시청한 것으로 간주하는 과금체계가 등장했다. '보는 것'에만 집중하는 것이 아니라 실제 '행동'으로 갔을 때도 '본 것'으로 간주하는데, 유튜브도 과금 체계를 이와 같이 변경했다.그림47 유튜브는 '트루뷰Trueview', 즉 실제로 광고를 '시청'해야만 과금하는 정책을 채택했으나, 최근에는 동영상 광고 중에 나오는 버튼 등에 클릭을 해서 광고주 페이지로 이동하거나 광고주의 채널로 이동하는 등의 '행위'에도 과금하는 방식으로 변경되었다. 흔히 조회당 비용을 CPVCost per view라고 했는데, 이제는 CPVCCost per view or click로 체계가 바뀐 것이다.

이러한 CPVC 과금체계의 변화로 인해 유튜브의 Pre-roll 조회당 단

그림47 ▶

유튜브도 이제는 상단의 제목,
광고주 이름이나 하단의 이동
버튼 등을 눌러도 광고를 시청한
것으로 간주하고 과금한다.

가에 다소 변화가 생길 것으로 예견되었다. 당연하게도 단가가 약간 하락할 것이라는 예측이었다. 이전에는 클릭은 광고 과금대상이 아니었는데, 이제 대상이 늘어나게 된 것이니만큼 단가가 낮아지게 되는 것은 당연한 일이다. 과금체계 변화에 따른 일종의 단가하락 착시 현상, 단가의 숫자는 낮아졌지만 실질적으로 동영상 광고를 본 비율이 높아진 것이라고 보기에는 어렵기 때문에 업계 일각에서는 이를 실제 조회라고 보기에는 어렵지 않은가 하는 우려가 있기도 했다.

하지만 우려와는 달리 유튜브 동영상 단가가 큰 폭으로 하락하지는 않았다. 다소 단가가 낮아지긴 했으나 실제 집행 시 혼란을 일으킬 만한 수준은 아니었다. 왜 그랬을까? 동영상 광고를 시청할 때 광고를 클릭해본 경험을 묻는 조사에서 나타난 결과[*]에 따르면, 절반에 가까운 시청자들이 클릭의 경험이 있다고 답했다. 그림48 '경험'을 묻는 조사였기 때문에 이러한 결과로 동영상 광고를 시청할 때 클릭을 많이 한다고 가정하는 것은 불가능하다. 실제로 유튜브에서 동영상 광고 클릭은 비교적 낮은 편이며, 그 목적으로 동영상 광고를 집행하는 것도 아니기 때문이다. 오히려 클릭을 '경험'한 부분이라면 아직 절반 정도의 시청자는 동영상 광고가 클릭이 되는 것을 모르고 있거나 알아도 클릭할 의지가 거의 없다고 가정하는 것이 조금 더 가능한 추론일 것이다.

CPVC(조회 및 클릭당 단가), CPV(조회당 단가)에 따른 과금방식에 차

[*] DMC(2015. 6), 온라인 동영상 시청행태 및 광고효과, DMC Report

그림48 ▶

DMC(2015. 6), "온라인 동영상 시청행태 및 광고효과", DMC Report

■ 경험 ■ 비경험   (단위: %)

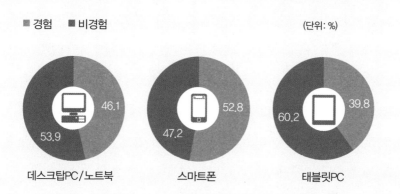

데스크탑PC/노트북   스마트폰   태블릿PC

Base: 온라인 동영상 광고 시청 경험자 전체(n=819),
데스크탑PC/노트북(n=266) 스마트폰(n=497) 태블릿PC(n=56)

이가 있긴 하지만 네이버TV캐스트나 다음TV팟, 곰TV 등 다수의 동영상 전문 채널은 거의 유사한 과금체계와 노출체계를 가지고 있다. 아무래도 별도의 광고 인벤토리에 광고를 하는 것이 아닌 동영상의 앞쪽으로 광고를 노출시킬 수밖에 없다 보니 인벤토리에서 오는 한계가 적용되어 다른 체계를 적용하기 어려움이 있을 것이다.

그렇다면 동영상 채널에서 실제 콘텐츠의 앞에 위치하지 않는 광고는 어떤 것들이 있을까?

동영상 채널에서도 사실 일반적인 배너 광고 또는 리치미디어 광고*형태로 동영상을 포함한 배너 광고, 동영상 내 광고 등 다양한 방식으로 광고물을 노출시키고 클릭을 유도하는 경우가 많다. 그림49 유튜브에서도 이러한 광고들은 다양한 형태로 나타나는데, 데스크톱의 배너 영역, 동영상 목록 중 상단에 표시되는 광고 동영상 영역, 그리고 동영상 내 노출되는 배너 영역으로 나눌 수 있다. 그림50 엄밀하게 말하자면 동영상 내부에 노출되는 배너 영역의 경우에는 '동영상 광고'라고 부를 수 없고, 심지어 '유튜브 광고'라고 부르는 것도 부적절하다. 구글의 디스플레이 광고 중 하나인 애드 센스 광고가 연동되어서 나타나는 광고이며 동영상을 지원하지도 않기 때문이다.

네이버TV캐스트나 다음TV팟의 경우에는 별도의 배너 광고가 붙는 경우는 그다지 없다. 다만 네이버TV캐스트의 경우 스포츠 실시간 중

* 단순한 배너 광고가 아닌 동영상이나 반응형 콘텐츠 등 다양한 형태로 변형된 디스플레이 광고

그림49 ▶

유튜브 데스크톱
배너 광고 영역

그림50 ▶

유튜브 동영상 목록
상단에 표시되는
광고 영역

유튜브 영상 하단
배너 광고 영역

계에 한해 중간 동영상 광고를 내보낸다. 그림51 이는 실제 TV 광고를 대체하는 광고라고 볼 수 있으며, TV 광고를 실행하기 어려운 브랜드 또는 TV 광고를 디지털 상에서도 노출시키고 싶어하는 브랜드에게 적절한 광고라고 볼 수 있겠다. 이런 중간광고 형태는 아주 긴 시간 몰입도 높은 콘텐츠에서만 효과가 나타날 수 있기 때문에(당신이 1분짜리 유튜브 동영상을 보는데 중간광고가 나온다고 생각해보라. 아찔하다), 주로 스포츠 중계에서 많이 사용된다. 전통적으로도 스포츠 중계는 중간에 항상 광고가 삽입되었기 때문에 사용자들의 거부감도 매우 적은 편이다.

이렇게 동영상 채널에서의 광고는 일반적으로 콘텐츠의 앞, 중간, 또는 콘텐츠 탐색 시에 광고를 드러내어 사용자의 경험을 최소한으로 방해하면서 효율적으로 노출시키려는 형태로 존재하는 경우가 많다. 그렇다 하더라도 사실 동영상 채널에서는 동영상 콘텐츠를 보려고 들어오는 목적이 분명한 상태이기 때문에 사용자 경험에 거의 손상을 주지 않고 광고를 하기란 불가능에 가까워 보인다. 특히 SMR에서 송출하는 광고(네이버TV캐스트, 다음TV팟 등을 통해서 나오는 Pre·roll 광고)의 경우에는 최근 아예 스킵하지 못하는 15초 광고로 도배를 하다 보니 사용자의 경험은 더 많이 침해받고 있다. 유튜브 역시 이러한 형태의 광고들이 꽤 있긴 하다. 다만 유튜브의 경우에는 광고를 연속해서 너무 자주 보여주지 않기 위해서 모든 동영상을 매번 구동할 때마다 광고가 나오는 것은 아니며, 내부 알고리즘을 적용해 사용자가 짜증을 내지 않게끔 횟수를 조절한다.

그림51 ▶

네이버
중간광고 개념

출처: 네이버 중간광고 매체소개서

그렇다면 생방송에서 동영상을 보여주는 방식은 중간광고 형태밖에 없을까? 그렇지 않다. 중간광고로 특정 영역을 할당할 수 있는 생방송(스포츠 중계 등) 이외의 생방송에서 동영상 광고는 어떤 형태로 집행 가능할까? 이에 대한 힌트로 생각해볼 수 있는 것이 아프리카TV의 광고상품인 '애드타임'이다. 그림52 아프리카TV 하면 가장 먼저 생각나는 것이 실시간 개인 생방송이다. 그 실시간 개인 생방송을 이끄는 사람을 'BJ'*라고 한다. 애드타임은 특정하게 광고 인벤토리를 지정해놓고(예를 들면 동영상 플레이 앞이나 게임이 타임아웃되었을 때) 광고를 하는 것이 아니라, BJ에게 광고를 송출할 권한을 주는 점에서 매우 특이하다. 즉 시청자들은 해당 진행자의 방송을 보는 도중, 특정한 시간대가 아니라 진행자가 정한 순간에 광고를 보게 되는 것이다. 이는 인벤토리가 불규칙적이며 안정적이지 않다는 광고 공급자적 입장(즉 브랜드 입장에서는 내 광고가 어디에 언제 나가는지 잘 알기 어렵다)에서의 단점이 있다. 하지만 수용자 입장으로 볼 때는 광고를 일단 예상하지 못한 순간에 보게 되고 진행자가 잠시 자리를 비우거나 다른 일을 보아야 할 때 틀기 때문에 해당 영상을 떠나기가 쉽지 않다. 동영상 광고 송출 권한이 플랫폼에 있다기보다는 개인에게 주어진다는 점에서 재미있는 광고상품이라고 하겠다.

---

* Broadcasting Jockey. 실시간 개인방송을 진행하는 진행자를 의미한다.

그림 52 ▶

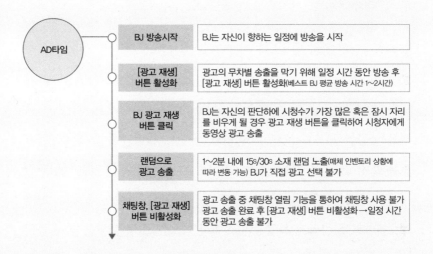

애드타임의 개념

AD타임	**BJ 방송시작**	BJ는 자신이 향하는 일정에 방송을 시작
	[광고 재생] 버튼 활성화	광고의 무차별 송출을 막기 위해 일정 시간 동안 방송 후 [광고 재생] 버튼 활성화(베스트 BJ 평균 방송 시간 1~2시간)
	BJ 광고 재생 버튼 클릭	BJ는 자신의 판단하에 시청수가 가장 많은 혹은 잠시 자리를 비우게 될 경우 광고 재생 버튼을 클릭하여 시청자에게 동영상 광고 송출
	랜덤으로 광고 송출	1~2분 내에 15s/30s 소재 랜덤 노출(매체 인벤토리 상황에 따라 변동 가능) BJ가 직접 광고 선택 불가
	채팅창, [광고 재생] 버튼 비활성화	광고 송출 중 채팅창 열림 기능을 통하여 채팅창 사용 불가 광고 송출 완료 후 [광고 재생] 버튼 비활성화→일정 시간 동안 광고 송출 불가

출처: 아프리카TV 매체소개서

타임라인 형태

타임라인형 미디어의 종류

타임라인형이란 페이스북, 인스타그램과 같은 것을 말한다. 반드시 소셜미디어일 필요는 없으나 소셜미디어 형태를 취하고 있는 경우가 많다. 타임라인 형태로 동영상을 소비한다는 것 자체가 지속적으로 콘텐츠를 공급받는다는 것을 의미한다. 시간이 흘러감에 따라 사용자가 보든 보지 않든 계속해서 콘텐츠가 지나가는 형태이다. 이런 타임라인 형태의 플랫폼은 일반적으로 동영상'만' 제공하는 경우는 드물다. 이미지, 텍스트 콘텐츠에 동영상이 섞여서 나오는 것이 대부분이다. 특히 소셜미디어 계열의 타임라인형 플랫폼은 단순히 콘텐츠 제공자가 보내는 내용만을 보는 것이 아니라 사용자의 주변인이나 브랜드 페이지에서 오는 메시지까지 보게 된다. 그림53 이러한 특성 때문에 이것을 '동영상 플랫폼'이라고 말하는 게 적절한지에 대한 논란의 여지가 있다.

그러나 앞서 유튜브와 페이스북을 동영상 플랫폼 선상에 놓고 비교할 정도로 페이스북이 동영상에 힘을 쏟고 있고, 실제로 페이스북이나 인스타그램에서 소비되는 동영상의 양도 어마어마하다. 페이스북 자

그림53 ▶

타임라인형 콘텐츠를 소비하는
페이스북에서 동영상 콘텐츠는
매우 빈번하게 나타나는
콘텐츠 형태 중 하나다.

LG전자(LG Electronics)
Yesterday at 2:17pm

[LG 포터블 스피커 영상 공유 이벤트 #2] 음악에 열정을 플러스하다!
세상의 다른 소리를 잠시 내려놓고, 그 만의 드럼을 들어보세요~
지금 LG 포터블 스피커 영상을 전체공개로 공유하고, 댓글을 남겨주시면 추
첨을 통해 경품을 드립니다 ^_^/ (~11/30)
✓ 이벤트 경품... See More

4.5k Views
473 Likes 425 Comments 473 Shares

👍 Like   💬 Comment   ➤ Share

SUGGESTED VIDEOS

[LG V10 UX] LG V10을 통해 만나는 더 특별한
경험! 사용자를 생각하는 UX 끝판왕, LG V10...
LG전자(LG ELECTRONICS) 1,684 VIEWS   Share

[LG 포터블 스피커 영상 공유 이벤트 #1] 그가
제대로 열받았다! 천정명의 화려한 액션을 감...
LG전자(LG ELECTRONICS) 10,476 VIEWS   Share

[EVNET] #삿포로_겨울이야기 영상 공유 이벤
트! #아프리카 여신 BJ #하늘 의 #겨울이야기...
SAPPORO BEER KOREA(삿포로) 2,929 VIEWS   Share

료에 따르면, 페이스북 동영상 조회수는 2015년 10월 기준 매일 80억 뷰 이상을 기록한다고 한다. 그림54 매일 80억 조회수를 기록하는 플랫폼을 '동영상 소비 플랫폼'이라고 부르지 못할 이유도 없을 듯하니, 소셜미디어가 또 하나의 중요한 타임라인 동영상 플랫폼인 것은 매우 자명해 보인다. 특히 주목해야 하는 점은 성장 폭이다. 2014년 6월에 처음 10억 조회수를 기록한 것을 시작으로 급격하게 성장해서 채 1년 반이 되지 않아 8배로 폭증했다. 해당 기간 동안 페이스북의 사용자 수가 폭발적으로 증가한 것이 아닌데도 불구하고 이렇게 비디오 조회수가 크게 증가했다는 것은 사용자들이 페이스북에서 원하는 콘텐츠 형태가 변화되고 있음을 의미한다.

물론 페이스북의 조회수를 집계하는 기준 자체가 유튜브와 차이가 나기 때문에 '숫자'가 과장되었다고 볼 수 있다. 페이스북은 3초를 보면 해당 동영상을 조회한 것으로 판단을 하는 반면, 유튜브는 30초를 봐야만 조회로 인정하기 때문이다. 10배의 숫자 차이이니 아무래도 페이스북에서의 조회수가 유튜브에 비해 과장된 측면은 있다. 그럼에도 불구하고 이 정도로 숫자가 폭증한다는 것은 페이스북을 통해 무시할 수 없는 수준으로 동영상이 유통되고 있다는 의미이다.

페이스북과 유사한 형태와 기준을 가진 인스타그램의 경우에는 동영상이 어느 정도나 유통 소비되고 있는지 밝혀진 자료는 없다. 그러나 실제 글로벌 동영상 광고를 집행해보았을 때, 페이스북과 인스타그램이 유사한 조회당 단가를 보이는 것으로 미루어 인스타그램 역시 꽤

그림54 ▶

페이스북 동영상
조회수 변화
(페이스북 발표자료)

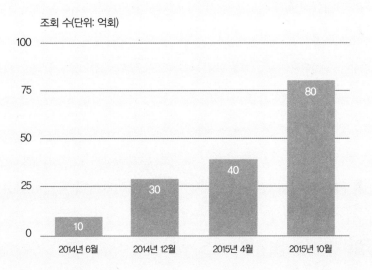

조회 수(단위: 억회)

100

75
80

50

40

25
30

10

0

2014년 6월   2014년 12월   2015년 4월   2015년 10월

많은 동영상 소비가 이루어지고 있음을 짐작할 수 있다.

이 같은 현상을 보면 페이스북과 같은 소셜미디어를 주축으로 한 타임라인형 동영상 플랫폼이 점차 동영상 전문 플랫폼의 영역으로 들어가면서 전반적인 동영상 콘텐츠 소비를 늘려가고 있는 것으로 판단된다. 즉 과거에는 동영상을 보기 위해서 유튜브나 네이버TV캐스트와 같은 동영상 전문 플랫폼으로 직접 접속을 하거나 소셜미디어에서 '링크'를 통해 이동해서 동영상 콘텐츠를 소비했으나, 지금은 이동하지 않은 상태에서 곧바로 동영상을 이용한다는 것이다. 결국 동영상을 '외부 링크'를 통해서 연결하느냐, 소셜미디어에서 직접 소비할 수 있게 하느냐의 차이다. 이 둘 간의 차이는 아주 작은 변화처럼 보이지만, 사실은 동영상 콘텐츠를 소비하는 데 있어서 플랫폼의 헤게모니를 어느 쪽이 가져가느냐 하는 중대한 문제와 연결된다.

타임라인 형태의 플랫폼은 대부분 소셜미디어를 생각하지만 다른 형태의 플랫폼도 존재한다. 바로 '큐레이션미디어'이다. 큐레이션미디어란 여기저기 흩어져 있는 콘텐츠(단순히 동영상에만 국한되는 것은 아니다)들 중 재미있거나 유용한 콘텐츠만을 따로 이용할 수 있도록 모아 놓는 서비스이다. 그럼 이런 큐레이션 서비스가 왜 필요해진 걸까? 사용자 또는 소비자에게 주어진 선택의 폭과 권한이 너무 넓어서 역설적으로 그 선택의 폭을 줄여주기 위한 것이다. 사용자는 원하면 언제든지 원하는 콘텐츠를 소비할 수 있긴 하지만, 너무 많은 콘텐츠가 생산·유통되기 때문에 특정 사용자가 좋아할 수도 있는 콘텐츠가 소비되지 못하고 지나가버리거나 찾기 너무 어려운 상황이 되기 십상이다. 그러다 보니 사람들은 자신이 좋아할 만한 콘텐츠가 언제 나오는지, 어디에 있는지 찾기를 버거워하다가 오히려 선택을 포기하게 된다. 어마어마한 양의 콘텐츠의 생산성과 유통은 오히려 사용자들에게 어떠한 콘텐츠도 소비할 수 없게 만드는 것이다.

큐레이션미디어는 이런 상황에서 사용자들이 많은 노력을 들이지 않고도 콘텐츠를 이용할 수 있게 해주는 서비스이다. 과거에는 이런 역할을 주로 커뮤니티에서 담당해왔다. 커뮤니티에 올라오는 동영상 콘텐츠는 아무래도 해당 커뮤니티의 성격을 반영한 것이 많았고, 그러다 보니 자연스럽게 특정 분야에 관심이 있는 사람들끼리 저마다 관심 있을 만한 콘텐츠를 공유할 수 있었다. 하지만 이제는 그런 커뮤니티에 올라오는 콘텐츠까지도 너무 양이 많고 정제하기가 어렵다 보니 한계가 보이기 시작한 것이다. 물론 여전히 커뮤니티들은 콘텐츠 바이럴이 일어나는 좋은 창구인 것은 사실이다. 큐레이션미디어는 그 커뮤니티로 진입하기 전에 한 번 더 정제되어 보여지는 진입경로라고 할 수 있다.

그럼 실제 이런 큐레이션미디어에는 어떤 것들이 있을까? 쉽게 떠올릴 수 있는 미디어가 바로 피키캐스트와 몬캐스트이다. 이 두 서비스는 매우 유사한 모습을 띠고 있는데, 피키캐스트는 동영상에만 국한하지 않고 보다 넓은 개념의 콘텐츠를 큐레이션하며, 몬캐스트는 주로 동영상 콘텐츠에 집중한다는 점에서 차이가 있다.그림55. 그림56 특히 몬캐스트는 사이트 내 콘텐츠의 대부분이 동영상으로 이루어져 있으며,

그림55

피키캐스트는 동영상뿐만
아니라 다양한 분야의
콘텐츠를 큐레이션한다.

그림56 ▶

피키캐스트와 매우 유사해 보이지만
몬캐스트는 동영상을 위주로
큐레이션한다. 실제 섬네일 우측
하단에 동영상의 길이가
기재되어 있는 것을 볼 수 있다.

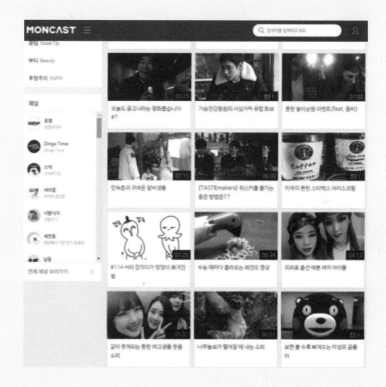

1인 제작자나 소규모 제작자들과 협업하여 지속적으로 자체 동영상 콘텐츠를 만들어 나가고 있다.

큐레이션미디어가 받는 공격은 항상 '남이 만든 콘텐츠를 가져와서 자사 트래픽을 늘린다'는 비판의 지점이다. 피키캐스트와 몬캐스트 역시 이 비판에서 자유로울 수가 없는데, 아무래도 이런 비판을 의식한 듯, 최근에는 직접 콘텐츠를 만들려는 노력을 더 많이 하고 있다. 그렇다면 이들이 발생시키는 트래픽은 과연 어느 수준일까?

피키캐스트 앱의 경우 마케팅 활동이 한창이던 2015년 초 급격하게 사용자 수가 늘어난 것을 볼 수 있다. 그림57 이때 많은 월간 사용자를 확보하고 누적 다운로드 1,000만*을 넘어서기도 했다. 그러나 이후 마케팅 활동이 서서히 줄어들면서 실제 월간 사용자 수 역시 조금씩 떨어지고 있다. 이렇듯 트래픽이 떨어지는 현상은 피키캐스트가 매체로서의 영향력을 확보하는 데 크게 걸림돌로 작용하는 것이 사실이다. 그럼에도 불구하고 피키캐스트에 희망이 있는 부분은 확고한 사용자 층을 확보하고 있을뿐더러 그들의 충성도가 비교적 높은 편이라는 지점이다. 이용자 수는 비교적 적은 편이지만 재방문 일수나 평균 체류 시간을 보면 거의 인스타그램에 버금가는 수준이다. 그림58 특히 13~24 세가 주 이용자이며 체류시간이 모두 높게 나타나는 것을 볼 때 피키캐스트만의 핵심 사용자 층을 보유하고 있다고 평가할 수 있다.

* 피키캐스트 상품소개서 (2015. 7)

그림57

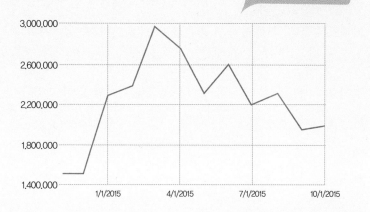

피키캐스트 모바일 앱
월간 순 방문자 수 추이
(닐슨코리안클릭, 2015. 10)

그림58

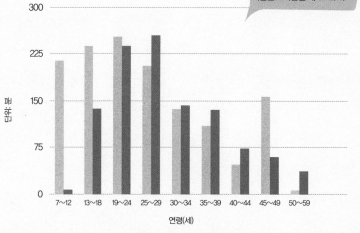

피키캐스트와
인스타그램의 모바일 앱
월 평균 체류시간 비교
(닐슨코리안클릭, 2015.10)

피키캐스트의 이용시간은 20대 초반에서는 인스타그램과 유사하다가 그보다 조금 더 어린 층에게는 인스타그램보다 더 많은 이용시간을 얻고 있다. 즉 20대 초반보다 더 어린 층에게는 인스타그램보다 피키캐스트가 더 충성도 높고 많은 콘텐츠를 소비하는 플랫폼이라고 할 수 있는 것이다. 물론 그 연령층이 전반적인 트렌드를 이끌거나 구매력이 높은 층은 아니다. 하지만 분명히 콘텐츠를 많이 소비하기 시작하는 층이며, 이들이 20대로 넘어갔을 때의 콘텐츠 사용행태나 습관에 어느 정도 영향을 미칠 것이라는 추측이 가능하다. 사용 연령층을 볼 때 전반적으로 인스타그램에 비해서는 적은 인원이 사용하고 있으나 10대 후반에서 20대 초반은 비교적 인스타그램과의 격차가 적은 편이다. 그림59

물론 인스타그램과 비교하는 것이 크게 의미 없게 여겨질 수도 있다. 인스타그램은 앞으로 더 많이 성장할 가능성이 높으며, 그에 비해 피키캐스트는 성장의 가능성이 상대적으로 낮기 때문이다. 그럼에도 불구하고 이런 비교가 유의미한 것은, 우리가 받아들이는 이미지에 비해서 더 많은 사람들이 다른 채널에서 콘텐츠를 소비하고 있다는 사실을 정확하게 알고 그에 따른 매체배분을 결정해야 하기 때문이다. 단순히 느낌에 의해서 매체를 집행할 때 숫자는 다른 이야기를 하는 것을 놓칠 경우가 많다.

피키캐스트에 비해서 몬캐스트는 확실히 트래픽이 약한 모습을 보인다. 그림60 아무래도 특별한 마케팅이 없이 지금까지 이끌어왔고 갈

그림59 ▶

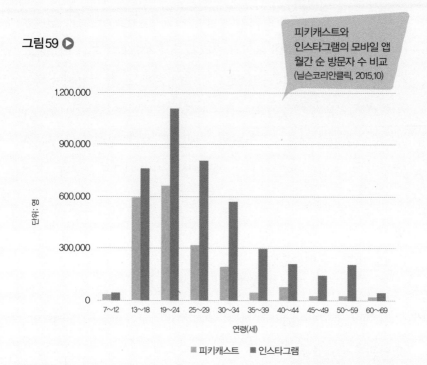

피키캐스트와
인스타그램의 모바일 앱
월간 순 방문자 수 비교
(닐슨코리안클릭, 2015.10)

그림60 ▶

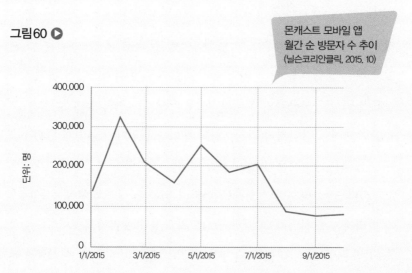

몬캐스트 모바일 앱
월간 순 방문자 수 추이
(닐슨코리안클릭, 2015. 10)

수록 자체 콘텐츠 제작에 대한 부담이 커졌기 때문이 아닐까 생각된다. 또한 피키캐스트와의 차별점을 갖지 못한 상태이다 보니 아무래도 사용자들 입장에서는 피키캐스트와 동시에 몬캐스트를 활용해야 하는가에 대한 의문이 생겼을 가능성도 높다. 이러한 추이가 어느 순간에 반등하게 될지에 대해서도 고민해보아야 하는데, 아무래도 이 부분은 몬캐스트만의 킬러 콘텐츠가 성패의 여부를 가릴 것으로 보인다.

소셜미디어 동영상 광고

지금까지 타임라인형 미디어의 종류를 알아보았으니 이제 각 미디어 형태별 광고상품의 특징을 알아보도록 하자.

타임라인상에서의 동영상 광고는 사용자가 동영상 콘텐츠를 이용하려는 시간을 방해하지 않도록 선택해야만 했다. 물론 Pre·roll을 못 붙일 이유는 없겠지만, 자신의 타임라인을 빠르게 넘겨가면서 콘텐츠를 찾고 소비하는 사용자의 행태와 Pre·roll 광고는 전혀 맞지 않는다. 그렇다고 과거의 방법처럼 리치미디어 배너를 붙인다면 어떻게 될까? 좋은 호응을 이끌어내는 것은 사실상 어려울 것이다.

그러다 보니 타임라인 형태를 취하고 있는 매체의 경우에는 콘텐츠가 나타나는 인벤토리 그 자체가 광고가 되는(또는 그렇게 보이도록 설계하는) 경우가 많다. 이것을 네이티브 광고° 방식이라고 할 수 있다. 페이스북에서 동영상 광고가 어떻게 나오는지를 보면 쉽게 이해될 것이다. 페이스북에서의 동영상 광고는 타임라인 콘텐츠 방식으로 일반 콘텐츠가 나타나는 지면에 똑같이 나타난다. 다만 차이점이 있다면 '스폰서드Sponsored' 라고 써 있는 부분이 다르다. 그림61 페이스북 사용자들은 그 지면이 마치 콘텐츠인 것처럼 인식하고 사용하지만 실제로는 광고영역이다. 해당 광고영역의 강점은 광고를 하더라도 사람들이 콘텐츠를 보아야 하는 부분을 가리거나 콘텐츠 소비를 방해한다는 느낌을 적게 준다는 데 있다(실제로는 타임라인의 한 부분을 차지하는 것이기 때문에 이용을 방해하는 것일 수도 있지만). 그리고 이런 인벤토리에 맞춰서 광고를 콘텐츠처럼 제작하는 경우 광고와 콘텐츠의 영역이 매우 모호해지기도 한다. 이렇다 보니 콘텐츠 자체가 플랫폼의 성격에 맞고 사용자들에게 어필될 만하면 좋은 효과를 거둘 수 있다(최소한 사용자가 보고자 했던 동영상 콘텐츠를 가리지 않기 때문에 거부감이 적은 편이다).

특히 타임라인 형태의 동영상 플랫폼 중에서도 소셜미디어는 타 플랫폼과는 차별되는 몇 가지 특징을 가지고 있다.

첫째, 동영상 형태의 광고이지만 동영상만을 보여주기 위한 것이라기보다는 다른 광고목적으로도 활용하기가 좋다. 페이스북을 예로 들면, 광고의 형태는 동영상이지만 목적을 다르게 설정할 수 있다. 페이

● 주변 콘텐츠와 이질감이 없게끔 광고가 송출되어 콘텐츠와 광고가 함께 소비되는 광고형태를 뜻한다. 즉 배너영역처럼 광고영역이 콘텐츠와 분리되어 있는 것이 아니라 콘텐츠가 나오는 곳에 콘텐츠 형태를 취한 광고가 송출된다는 것이 기존 광고와 다른 점이다.

그림61 ▶

현대자동차그룹 : Hyundai
Sponsored · 🌐

👍 Like Page

화려함에서 단순함으로
치우침에서 균형으로
최첨단에서 최적화로

인간 중심의 진화를 시작하다!... See More

277k Views
999 Likes 123 Comments 155 Shares

👍 Like   💬 Comment   ↗ Share

지의 '좋아요' 숫자를 늘리기 위해서, '웹사이트'로 보내기 위해서, '모바일 앱 다운로드'를 유도하기 위해서, 또는 그저 동영상을 많이 볼 수 있게 하기 위해서 등 다양한 방법으로 동영상 소재가 활용될 수 있다. 동영상은 그저 소재일 뿐 캠페인의 목적에 따라서 광고를 운용하면 된다. 동영상 전문 플랫폼의 경우에는 이 같은 다양한 요구사항을 반영할 수 없고 '클릭'을 통해 외부 링크로 넘겨준다는 한계가 있는 점에서 다르다. 이렇듯 동영상 광고 소재를 캠페인 목적에 따라 세분화해서 활용할 수 있다는 것이 커다란 장점이다.

둘째, 소셜미디어가 갖는 태생적인 특성으로 인해 타깃팅이 비교적 정밀한 편이다. 사용자들이 소셜미디어를 활용할 때 이미 다양한 개인정보를 자발적으로 입력해놓은 상태이며, 개인정보가 없더라도 콘텐츠의 이용행태 등을 따라가 적절한 대상에게 광고를 보여줄 수 있다는 장점이 있다.

셋째, 리타깃팅*이 가능하다는 점이다. 사실 리타깃팅은 유튜브에서도 가능하다. 유튜브 역시 구글 아이디에서부터 크롬 브라우저, 동영상 이용내역 등을 활용해서 다양한 방식으로 리타깃팅을 실행할 수 있다. 하지만 유튜브를 제외한 다른 채널들의 경우에는 아직 리타깃팅이 잘 지원된다고 보이지 않는다. 유튜브와 소셜미디어를 제외하고는 보다 정확한 리타깃팅이 쉽지 않은 것이 현실이다.

* 특정한 행동을 하거나 웹사이트에 방문하거나 동영상을 본 사용자만을 대상으로 다시 마케팅 메시지를 보내는 광고기법

리타깃팅의 활용은 여러 각도에서 생각해볼 수 있다. 이해를 돕기 위해 몇 가지 예를 들면, 우선 브랜드의 동영상 광고를 한 번 본 대상에게 다음 시리즈 동영상 광고를 보여주는 방법이 있다. 또한 웹사이트에 방문했던 사용자들을 대상으로 좀 더 구매를 유도하는 메시지를 담은 동영상 광고를 보여줄 수 있다. 이와 함께 이미 브랜드 동영상 광고에 노출된 대상을 제외하고 새로운 메시지를 담은 광고를 보여주는 데 활용할 수도 있다. 이밖에도 매우 다양한 상황을 설계해 동영상 광고를 리타깃팅 형태로 집행함으로써 캠페인의 효과를 높일 수 있다. 최근 광고영역에서는 단순한 타깃팅을 넘어서 보다 브랜드의 제품을 살 만한 사람들 또는 브랜드의 콘텐츠를 더 많이 소비할 만한 사용자를 대상으로 광고를 하고자 하는 욕구가 커지고 있기 때문에 동영상 광고에서도 리타깃팅은 중요하다고 하겠다.

넷째, 확산이 비교적 쉽다. '좋아요' 버튼을 누르거나 댓글을 달거나 공유를 하는 행위 자체가 타 채널에 비해 소셜미디어에서 보다 친근한 행위로 여겨지며 또 쉽게 하는 경향이 있다. 이런 기능들을 통해, 그 사용자와 연결되어 있는 다른 사용자의 타임라인에도 광고가 추가로 확산되어 보여지게 된다. 일반적인 Pre-roll 광고의 경우에는 이런 기능을 한번에 사용할 수 없다(유튜브에서 광고영상을 공유한다고 생각하면, 사용자가 콘텐츠를 보기 전에 나오는 광고를 클릭해서 광고가 올라온 유튜브 페이지로 간 다음에 거기에서 '공유하기' 버튼을 누르고 어떤 소셜미디어로 공유할 것인지를 다시 선택해야 한다). 반면, 소셜미디어와 같은 네이티브 광고 형태는 콘텐츠를 보여줄 때와 거의 유사하게 모든 기능(좋아요, 댓글달기, 공유하기 등)을 활용할 수 있기 때문에 비교적 확산이 타 채널에 비해 쉽다고 볼 수 있다.

큐레이션미디어 동영상 광고

페이스북이나 인스타그램에서의 광고는 대부분 위에서 설명한 바와 같이 타임라인상에서 사용자들이 광고를 소비하는 방식으로 이루어진다. 구매자(즉, 브랜드)가 노출을 기준으로 또는 캠페인의 성향(웹사이트로 보내주는 클릭인지, '좋아요'를 모집하기 위함인지 등)을 기준으로 인벤토리를 구매하는 방식이다. 이에 반해 또 다른 타임라인 방식의 동영상 플랫폼인 피키캐스트나 몬캐스트의 광고는 조금 다르다. 아무래도 콘텐츠를 유통하는 플랫폼이다 보니, 단순히 TV나 일반 유튜브에서 볼 수 있는 광고를 소비할 경우 플랫폼 사용자들이 거부감을 느낄 수 있다고 판단한 것으로 보인다(실제로 그러한지 의문스럽긴 하지만). 특히 주로 '바이럴 콘텐츠'를 유통하는 플랫폼이다 보니 A급 냄새가 물씬 나는 광고를 받기보다는 사용자들이 재미있어 할 만한 콘텐츠로 광고가 아닌 것처럼 보이는 광고 콘텐츠를 유통시키는 데 중점을 두고 있는 것이다.

그러다 보니 나온 광고상품 자체는 '콘텐츠를 제작하는' 형태를 보인

그림62 ▶

피키캐스트의 광고는
일반 콘텐츠가 나타나는
형식과 완전히 동일하다.

다. 즉 브랜드 또는 대행사가 피키캐스트나 몬캐스트에게 바이럴 영상
을 제작 의뢰하고, 그에 따라 플랫폼 성격에 맞는 콘텐츠형 광고를 피
키캐스트나 몬캐스트가 직접 제작해서 올리는 방식이다. 이는 다소 특
이한 방식이라고 볼 수 있는데, 일반적인 광고 인벤토리와 트래픽을
파는 영역이 아니라 보다 콘텐츠에 브랜드가 녹아드는 방식을 택한 것
이다. 그래서 등장한 상품명은 '브랜디드 콘텐츠Branded Contents'이다. 이
상품은 앞에서 설명한 바와 같이 브랜드나 대행사가 제작하는 것이 아
닌, 피키캐스트에서 직접 제작하는 광고이다. 그렇다 보니 피키캐스트
에서 일반적으로 유통되는 콘텐츠와 매우 흡사한 모습을 보인다. 그림62
이 집행방식의 장점은 아무래도 네이티브 광고의 이른바 '끝판왕'이

라는 점이 아닐까? 콘텐츠의 이질감이 거의 없기 때문에 확실히 콘텐츠와 광고의 중간 정도로 인지됨으로써 사용자들 입장에서 비교적 거부감 없이 받아들여질 여지가 많다.

그러나 이 광고방식의 단점도 만만치 않다. 다음에서 설명하는 단점들은 대부분 브랜드가 원하는 메시지를 모두 넣을 수는 없는 방식이라는 데에서 기인한다.

첫째, 광고물의 퀄리티 컨트롤이 어렵다는 점이다. 그림63 제작의 영역 자체가 브랜드나 대행사에 있는 것이 아니라 피키캐스트에 있기 때문에 모든 메시지를 브랜드가 통제할 수 없고 제작물의 품질이 브랜드가 원하는 수준과 부합할 것인지에 대한 물음이 항상 내재한다. 물론 이질감 극복을 위해서 품질이 다소 낮고 메시지를 일부 삭제해야 하는 일이 발생할 수 있다는 단점을 안고 간다지만, 브랜드는 항상 '그렇게 해서 우리가 전달하고자 하는 메시지를 온전히 전달할 수 있을까?' 하는 의문에 빠져들게 된다. 경험상 상당히 많은 수의 브랜드들이 이 질문에서 피키캐스트의 문을 넘지 못하기도 한다. 곧 피키캐스트 광고방식의 장점이자 독특한 점이 피키캐스트에서의 광고집행을 망설이게 만드는 지점이기도 한 것이다.

둘째, 광고를 집행하기 위한 준비기간이 너무 길다는 단점이 있다. 그림64 이 상품을 실제로 집행하기 위해서는 최소 2주일의 시간이 필요하다. 그 이유는 아무래도 콘텐츠를 기획하고 제작해야 하기 때문인데, 이를 위해서 15일이라는 매우 긴 리드타임이 필요할 수밖에 없는

그림63 ▶

광고 콘텐츠뿐만 아니라
콘텐츠로 유도하는
지면과 톤이나 매너까지
완벽하게 똑같다.

그림64 ▶

피키캐스트
브랜디드 콘텐츠 상품
집행 프로세스

출처: 피키캐스트 상품소개서

그림65 ▶

피키캐스트 광고
상품 단가

출처: 피키캐스트 상품소개서

것이다. 이 기간을 짧게 가져가자니 기획이 잘 되지 않을까 봐 걱정되고, 그렇다고 이 리드타임을 모두 주자니 집행까지 너무 많은 시간이 걸린다. 광고소재 제작에 많은 시간을 투자하지 않는 우리나라 광고업계의 상황을 고려할 때 15일의 리드타임은 고민되게 만드는 지점이다.

셋째, 비용이 비교적 높을 수밖에 없다. 그림65 단순히 트래픽을 사고 파는 형태의 광고와 다르기 때문에 나타나는 현상이다. 아무래도 콘텐츠를 기획하고 제작하기 때문에 트래픽과 지면의 가치 이외에도 실제 들어가는 인력과 제작비용에 대한 부분을 청구하지 않을 수 없다. 그래서 금액이 꽤 높은 편이며, 업계에 완전히 증명되지 않은 상태에서 브랜드가 진입하기에는 장벽으로 작용할 수밖에 없는 것이다. 일반적으로 브랜드들이 알고 있는 매체는 실제로 시장에서 증명이 되었거나 특별한 성공사례가 있는 경우가 대부분이다. 따라서 이러한 사례를 만들기 위해서, 또는 자신의 브랜드와 맞는지를 테스트하기 위해서 소량의 광고비를 투입하는 경우가 많은데, 피키캐스트의 경우에는 이것이 불가능하니 증명해 보이기가 매우 어렵다.

가령 3천만원이라는 거액을 들였음에도 생각만큼 조회가 되지 않는다면 어떻게 될까? 이 불안감을 해결하지 못하면 피키캐스트의 상품이 인기를 끌기는 어려워 보인다. 피키캐스트는 카카오톡과 같은 매체가 아니기 때문이다(카카오톡은 별다른 마케팅 메시지 없이 대한민국에서 스마트폰을 가진 사람이라면 거의 모두가 사용하는 앱이기 때문에 지면의 가격을 높게 가져가서 진입장벽을 만든다 해도 많은 브랜드들이 테스트를 해보았다.

그리고 실제 몇몇 성공적인 사례가 나오자 수많은 브랜드들이 쏟아져 들어가게 되었다. 이러한 카카오톡도 실제로 일반에 플러스친구 광고상품을 팔기 전에 테스트를 수개월에 걸쳐 십수 개의 브랜드를 모아 진행했었다).

이러한 문제와 불안감을 해소하고자 광고 콘텐츠의 20만 조회수를 보장하고, 도달하지 못하면 피키캐스트의 채널에 콘텐츠를 올려서 보상하는 방식으로 상품을 운용하고 있다. 하지만 이러한 정책에도 불구하고 3천만원은 여전히 적은 돈이 아니다.

따라서 피키캐스트와 같은 매체는 브랜드에서 집행할 때, 핵심 타깃과 사용자 타깃이 잘 맞아떨어지는지, 그리고 바이럴 영상이 다양화를 추구하는지, 캠페인의 핵심 목적이 무엇인지 등 다방면에서 고려하고 다른 매체와의 조화나 전술적인 판단을 근거로 해서 집행해야 할 것이다.

이렇듯 네이티브 광고형태를 띤 타임라인형 동영상 플랫폼들은 다른 동영상 플랫폼들에 비해 독특한 구조나 광고상품을 가지고 있다. 기존 동영상 매체나 일반적인 배너 매체의 대안적 매체성격을 지니고 있기 때문에 이런 현상들이 나타나는 것이라고 보인다. 특히 소셜미디어의 경우 과거 포털과 버티컬 웹사이트, 커뮤니티 등 다양한 이종 서비스들의 많은 부분을 흡수하면서 트래픽을 모으고 있기 때문에 향후 가장 강력한 동영상 소비 플랫폼으로 거듭날 것으로 기대된다.

애드 네트워크 형태

애드 네트워크Ad network 형태란 동영상을 이용하는 특정한 플랫폼이라기보다는 다양한 동영상 플랫폼들을 엮어서 광고를 보여주는 네트워크 광고형태를 일컫는다. 즉 애드 네트워크 형태는 사용자들이 그 자체를 인지할 수 없으며, 단지 동영상 광고를 볼 때 뒤에서 광고를 전송해주는 플랫폼이다. 가령 네이버TV캐스트에 접속해 동영상 광고를 본다고 가정할 때, 그 동영상 광고는 네이버TV캐스트의 플랫폼에서 송출되는 게 아니라 뒤에 숨은 동영상 플랫폼을 엮는 광고 플랫폼이 송출한다(물론 그렇다고 모든 광고가 애드 네트워크로 연결되어 있는 것은 아니다).

아래 제시된 개념도는 이 원리를 간단하게 도해하고 있다. 그림66 하나의 플랫폼으로 광고를 판매, 송출, 관리, 정산을 하는 것보다 여러 채널을 묶어서 네트워크 형태로 운용하면 광고를 송출할 수 있는 인벤토리를 더 넓게 확보할 수 있을 뿐만 아니라 관리비용도 모든 채널에서 똑같은 광고 서버를 보유하고 있는 것보다 저렴하게 유지할 수 있다는 측면에서 강점이 있다. 이로써 개별 채널에서의 수익성 저하는

그림 66 ▶

■ 애드 네트워크 개념도

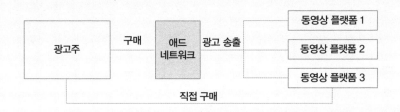

그림 67 ▶

■ 다중 애드 네트워크를 이용하는 동영상 플랫폼

피할 수 없다. 일반적으로 동영상 플랫폼에서 직접 구매하기보다 애드 네트워크를 통해 구매하는 경우가 많다. 이는 브랜드들이 광고를 원활하게 송출할 수 있는 인벤토리의 안정성 확보 차원에서 많이 고려하기 때문이다.

시청자들로서는 이런 방식으로 송출된 광고가 애드 네트워크 형태라는 것을 인지할 수 없다 보니, 각 동영상 플랫폼들은 다양한 애드 네트워크에서 광고를 송출받기도 한다. 그림67 이렇게 애드 네트워크는 여러 동영상 플랫폼을 연결하고, 동영상 플랫폼들은 다중 애드 네트워크를 사용하게 되면 서로 광고영업, 인벤토리 확보, 안정적인 인벤토리 판매, 관리의 용이성 등 다양한 분야에서 유리해진다. 결국 사용자가 어떠한 애드 네트워크에서 송출된 광고를 보는지와 관계없이 동영상 플랫폼은 안정적인 수익을 확보할 수 있는 것이다.

다만, 이러한 애드 네트워크는 '정형화'되어 있는 광고 인벤토리의 한계로 인해 광고 인벤토리의 다양성을 추구하기 어렵다는 단점이 있다. 즉 정해진 지면, 장소, 길이 등 여러 제약들이 존재할 수밖에 없다. 왜냐하면 애드 네트워크가 다양한 동영상 플랫폼으로 광고를 송출하기 위해서는 광고형태를 똑같이 받아들일 수 있도록 동영상 플랫폼이 디자인되어 있어야 하기 때문이다. 네이버TV캐스트에서 광고를 봐도 판도라TV에서 광고를 봐도 형태가 유사하고 똑같은 광고가 송출되는 것을 보게 되는 이유는 바로 이 때문이다.

이런 실정이다 보니 애드 네트워크들 간의 경쟁에서 우월한 지위를 가져갈 수 있는 부분은 인벤토리의 다양성과 방대함, 가격정책, 또는 소셜미디어 연계상품 등 다른 상품을 패키지화시키는 방향으로 변화를 꾀할 수밖에 없는 상황이다. 애드 네트워크들이 어떤 점을 강조하고 스스로의 차별성을 어떻게 강조하고 있는지를 대표적인 국내 동영상 애드 네트워크 두 가지만 살펴보자.

다윈 동영상 광고

'다윈Dawin'은 우리나라에서 비교적 초기에 동영상 애드 네트워크를 시작한 경우이다. 2013년도에 미디어랩인 인크로스에서 런칭했으며, 초기에 시작하다 보니 인벤토리 측면에서 강점을 가진다. 다윈의 매체 소개서에 따르면 총 2,000만의 월간 UVUnique visitor를 보유하고 있다고 한다. 그림68 일반 시청자들은 '다윈'이란 것이 무엇인지도 모르지만 애드 네트워크로 다양한 매체들을 연결했기 때문에 모아놓고 보면 이렇게 큰 숫자가 나올 수 있는 것이다.

다윈은 일반적으로 애드 네트워크사들이 자신들의 차별점과 선점효과를 강조할 때 가장 많이 쓰이는 '규모'에 초점을 많이 맞춘다. 대형 포털인 네이버 및 각종 동영상 서비스 플랫폼, 종편 및 케이블 방송 등 다양한 채널과 네트워크로 묶어서 광고를 송출하는 것을 강점으로 내세우고 있다. 또한 최근 네이버TV캐스트 PC 지면을 네트워킹하고 일

그림68 ▶

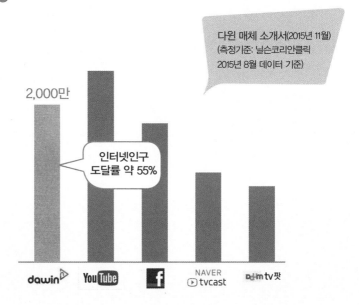

다윈 매체 소개서(2015년 11월)
(측정기준: 닐슨코리안클릭
2015년 8월 데이터 기준)

2,000만

인터넷인구
도달률 약 55%

dawin   You Tube   f   NAVER ▶tvcast   D∰m tv팟

그림69 ▶

다윈이 네트워킹하고
있는 채널들, 다윈 매체
소개서 (2015년 11월)

반적으로 가지고 있던 애드 네트워크의 초수 제약(광고소재가 15초/20초/30초로 제한되는 제약사항)을 넘어서 최대 4분까지 광고를 진행할 수 있게 되었다는 것을 강점으로 내세운다. 그림69

하지만 다윈은 실제 동영상 플랫폼을 가지고 있는 경우가 아니기 때문에 동영상 콘텐츠 유통, 동영상 광고를 떠올릴 때 바로 떠오르지 않는다는 단점이 있다. 즉 동영상 광고라고 하면 그 광고가 나타나는 지면이 되는 플랫폼(예를 들면 유튜브, 네이버TV캐스트와 같은 동영상 플랫폼)이 떠오르지 그 안에 있는 시스템에 대해서는 광고주가 잘 인식하지 못한다는 것이다. 이는 다윈 자체가 제1 동영상 광고매체로 인식되기 어려운 한계점을 드러낸다. 그러다 보니 일반적으로 동영상 광고를 집행할 때, 다윈만을 메인으로 해서 집행하기보다는 다른 매체를 집행하면서 함께 보조적인 수단으로 집행하는 경우가 많다.

또한 다윈 자체가 무언가 재미있는 시스템이나 패키지를 가지고 있는 것이 아니라 단순한 네트워크를 계속적으로 지향하고 있다 보니 점점 단가 싸움으로 가버릴 수 있는 불안요소도 내재하는 게 사실이다. 광고를 집행하는 브랜드 입장에서야 이러한 단가 싸움 자체가 나쁘지 않겠지만, 자칫 지나치게 치열해지면 인벤토리의 품질저하나 네트워크의 힘이 약해지게 될 수 있기 때문에 다윈은 이 부분에 대한 고민이 필요할지도 모르겠다.

프리즘 동영상 광고

'프리즘Prism'은 판도라TV에서 운영하는 동영상 애드 네트워크이다.
그림70 프리즘은 판도라TV라는 동영상 플랫폼을 보유하고 있는 상태에
서 타 플랫폼의 광고까지 엮는 애드 네트워크를 구성한 것이다. 이로
써 소셜미디어와 콘텐츠 제작자를 엮는 MCN● 모델까지 접목시켜 '소
셜비디오 광고 네트워크'라는 개념을 만들었다(한 가지 재미있는 사실은
판도라TV 역시 먼저 설명한 다윈의 애드 네트워크에도 포함되어 있다는 것이
다). 프리즘이 추구하는 것은 다윈과는 약간 차이가 나는데, 다윈이 많
은 네트워크를 확보하고 플랫폼과 시스템 차원에서 고도화되는 것을
추구한다면, 프리즘은 소셜미디어를 활용해서 콘텐츠가 제작되고 확
산되는 데 방향을 맞추고 있다.

프리즘은 제작의 영역까지 손을 뻗었고 소셜미디어를 통한 확산을
유도한다는 점에서는 피키캐스트와 유사하고, 다양한 동영상 서비스
를 묶어 애드 네트워크를 한다는 부분에서는 다윈을 닮아 있다. 프리
즘 광고상품 패키지의 포인트는 다음과 같은데, 이것만 본다면 마치
만능 패키지 같은 모습이다.

● Multi-channel Network. 콘텐츠 제작자들에게 제작, 프로그래밍, 펀딩, 프로모션 등
일정 부분의 지원을 하면서 그들의 광고수익을 나누는 사업자를 말한다. 예를 들어 유튜
브에서 인기 있는 1인 제작자들을 연계해 채널을 개설하고 광고주를 섭외해 콘텐츠를
만들어 확산시키고 광고수익을 나누는 방식이다.

그림70 ▶

프리즘은 소셜미디어와 콘텐츠
제작자를 엮는 MCN 모델을
접목시킨 '소셜미디어 광고
네트워크'라는 특색이 있다.

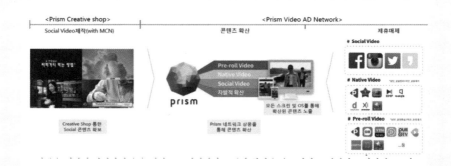

- 소셜 동영상 확산을 위해서 1인 창작자나 내부 제작자들을 활용해서 동영상 콘텐츠 제작
- 브랜드가 위 항의 방식을 원하지 않거나 이미 확산을 요하는 영상이 있을 경우 그 영상으로 가능
- 애드 네트워크에 속해 있는 판도라TV, Mgoon, 비트 및 온라인 경제 미디어, 동영상 플레이어(KMP)에 광고 송출
- 프리즘이 제휴하고 있는 페이스북 페이지에 동영상 포스팅

최근 유행하고 있는 비즈니스 모델에서부터 동영상 광고의 전형적인 모습, 그리고 원래 판도라TV가 사업으로 가지고 있던 매체 비즈니스에 이르기까지 다방면으로 집행할 수 있다. 어찌 보면 종합선물세트 같은 프리즘의 사업모델은 상호 단점을 보완하려는 시도인 것으로 해석할 수 있다.

피키캐스트의 모델과 같은 콘텐츠 제작을 기반으로 한 광고모델과 소셜미디어 페이지에 비디오를 포스팅하는 광고모델은 기본적으로 조회수나 클릭수 등 각종 수치를 보장할 수 없다. 즉 이 콘텐츠가 어느 정도나 확산될 것인지, 얼마나 많은 사람들이 보게 될 것인지에 대해서는 수치화해 보장할 수 없다는 것이다. 반면에 일반적인 Pre·roll 광고는 조회수나 클릭수를 일정 수준 이상 보장할 수 있다. 이런 광고형태는 인벤토리를 기준으로 하기 때문에 생각보다 조회나 클릭이 나오지 않으면 그만큼 더 인벤토리를 가동해서 동영상 노출을 늘림으로써

조회수가 나오도록 할 수 있는 환경이다. 하지만 Pre·roll 광고는 브랜드의 콘텐츠 파워에 의존적이고 소셜미디어 등으로 확산되는 것을 기대하기 어렵다는 약점을 지닌다.

프리즘은 이렇듯 다른 광고모델을 조합해 상호 보존할 수 있도록 했다. 프리즘은 히트hit수를 보장하는데, 히트수란 동영상을 15초 이상 조회하는 숫자와 15초 이전에 클릭이 발생한 수를 합친 수를 의미한다. 일반적으로 유튜브나 다윈에서 과금기준으로 잡는 CPVC와 같은 개념이라고 볼 수 있다. 프리즘이 히트수를 보장할 수 있는 이유는 두 가지 다른 모델에서 나오는 조회수나 클릭수를 함께 수집하기 때문이다. 소셜미디어 페이지에서 히트가 많이 나오지 않을 경우, Pre·roll광고로 더 많은 인벤토리를 가동해서 더 많이 조회하고 클릭할 수 있도록 동영상 광고를 구동시키는 것이다.

예를 들어 프리즘이 30만 히트를 보장한다고 가정하고, 소셜미디어에서 히트가 잘 나오지 않아서 1만 정도의 히트에 머무른다 해도 Pre·roll 광고 인벤토리를 총 동원해서 29만 히트를 이끌어낼 수 있는 것이다. 만약 소셜미디어에서 바이럴이 잘되어 히트가 많이 나오게 된다면 Pre·roll 광고에 대한 부담이 덜어질 수 있고, 보장했던 히트수보다 더 많은 히트수를 낼 수 있게 된다. 이것이 프리즘의 비즈니스 모델이 가진 특이점이자 강점이라 할 것이다.

다만, 이 모델이 어느 정도나 효과를 거둘 수 있을지에 대해서는 좀 더 검증의 시간이 필요하다 하겠다. 일단 프리즘은 다윈에 비해서

Pre·roll을 구동시킬 수 있는 매체가 다소 약한 편이다. 소셜미디어라는 다원이 갖지 못한 부분이 존재하긴 하지만, 브랜드가 동영상 광고를 집행할 때 가장 신경 쓰는 것은 얼마나 강력한 매체에 자신의 광고가 송출되느냐 하는 것이다. 이 부분에서 프리즘은 경쟁자들과 비교했을 때 다소 약한 측면이 있는 게 사실이다. 그러다 보니 다원과 동일하게 약점을 가진다고 여겨짐으로써 브랜드들이 여러 동영상 광고매체 가운데 중심적으로 집행하기에는 다소 위험부담이 있다고 받아들일 수 있다. 유튜브도 하고 페이스북도 하는데, 다원이나 프리즘도 할 수 있다는 인식으로 가기에는 아무래도 시간이 걸릴 것으로 보인다.

그밖에 'MAN-ADPLAY' 등 다른 동영상 애드 네트워크들이 존재하나 대체로 다원과 대동소이한 광고상품을 보유하고 있다. 광고상품 자체가 크게 다르지 않다 보니 작은 차이도 애드 네트워크의 성격을 규정짓는 것처럼 느껴질 정도다.

리치미디어 형태

　디지털에서의 '리치미디어Rich media' 광고는 일반적인 배너 광고를 모태로 하면서 그 배너가 다양한 동영상, 음원 등 멀티미디어를 담고 있거나 양방향 기능을 보유하고 있는 디스플레이 광고를 총칭한다. 때문에 이 광고형태를 '동영상 광고'라고 부를 수 있을지에 대해서는 다소 모호한 부분이 있다. 하지만 데스크톱은 물론이고 모바일에서도 데이터 통신속도의 증가와 디바이스의 발전에 힘입어 일반 배너 영역에도 동영상을 쉽게 보낼 수 있게 되어 리치미디어 광고에서도 동영상 형태가 각광받고 있는 게 현실이다.

　리치미디어 배너 광고영역에 동영상이 들어가는 것은 크게 어려운 일은 아니다. 실제로 과거 이미지만으로 표현되었던 지면이 동영상으로 대체되어 있는 경우가 많다. 검색결과에 나오는 광고도 최근에는 동영상 광고가 많이 나타나며, 브랜드 검색에서도 동영상을 사용하는 것을 흔히 볼 수 있다. 그림7 검색결과가 동영상으로 나오다 보니 아무래도 시선을 더 많이 잡을 수 있다는 강점이 있다. 또한 네이버에서 검색 광고의 하나로 상품을 낸 '서칭뷰'는 좀 더 적극적으로 동영상 인벤

그림71 ▶

네이버의 브랜드 검색 결과에도
동영상이 삽입되어 있다.

NAVER 블랙야크 ▼ 검색

통합검색 이미지 쇼핑 블로그 카페 뉴스 지도 지식iN 더보기 ▾ 검색

정렬 ▾ 기간 ▾ 영역 ▾ 옵션유지 켜짐 꺼짐 상세검색 ▾

연관검색어 ? 블랙야크 아이스엣지 k2 아이더 밀레 디스커버리 블랙야크 엣지다운 신고 ×
블랙야크 이월상품 블랙야크 쇼핑몰 블랙야크 아이스버그 코오롱 더보기 ▾

사이트

블랙야크 www.blackyak.com 📍위치보기 ▾ 산철자 작성
└ 상품안내 | 매장안내 | 이벤트 | 소개 | 고객서비스
블랙야크 기업 홈페이지, 등산복, 등산화, 배낭, 암벽장비, 캠핑용품 등 ⋯

브랜드 검색 '블랙야크' 관련 광고입니다.

그림72 ▶

검색결과에도
광고 동영상을
보여주는 서칭뷰

검색결과에도
광고 동영상을
보여주는 서칭뷰

정보성 텍스트 형태의
컨텐츠가 밀집한
검색 결과 내
2단 최상단 노출

토리를 사용자에게 보여주는 경우이다. 그림72

모바일에서도 이러한 시도들이 많이 있는데, 모바일의 경우에는 작동방식에서 약간 차이가 있다. 데스크톱에서는 동영상을 강제 재생하더라도 화면이 비교적 넓고 공간을 활용할 수 있기 때문에 동영상이 전체화면으로 재생되거나 하지는 않는다. 하지만 모바일에서는 화면이 작기 때문에 일반적으로 전체화면으로 동영상이 재생되는 경우가 많다. 사용자들이 원치 않는 상태에서 콘텐츠를 가려버리는 상황이 발생하게 되므로 이런 형태의 광고는 의도적으로 사용자들이 광고를 보는 경우에 많이 한다. 광고를 의도적으로 본다는 것이 얼핏 이해가 가지 않을 수도 있겠으나 여기에서 말하는 건 '보상형 매체'를 의미한다.

게임을 하거나 컬처캐시 등 포인트 관련 앱, 캐시슬라이드, 허니스크린과 같이 잠금화면 해제 형태의 앱을 이용하다 보면 무료충전소라는 개념을 쉽게 만날 수 있다. 그림73 무료충전소 광고는 동영상 광고영역이라기보다는 무료충전소 내 인벤토리의 한 형태라고 볼 수 있다. 무료충전소란 사용자들이 특정 행동을 했을 때 그 보상을 게임 아이템, 포인트 등 다양한 형태로 주는 방식을 말한다. 여기에 '동영상 시청하기' 항목이 있어서 사용자가 동영상 시청을 완결해야만 보상을 받게 된다.

이렇다 보니 사용자 입장에서는 자발적으로 광고를 시청할 수밖에 없게 되고 중간에 광고를 벗어날 수 없으니 어찌되었든 끝까지 시청하게 된다는 장점이 있다. 다만 광고의 주목도 측면에서는 따로 연구된

그림73 ▶

무료충전소형의
동영상 광고

결과는 없으나 어느 정도일지 다소 의문스러운 부분이 있다. 특정 포인트나 게임 내 아이템을 얻기 위해 광고를 보는 것이기 때문에 광고를 하려는 제품과 해당 서비스 또는 게임이 매우 밀접하게 연관되어야 전환으로 이루어질 가능성이 높다. 대체로 충전소 형태의 광고는 게임 안에서 무료 아이템을 얻기 위한 경우가 많다. 그러다 보니 광고 역시 게임 형태가 대부분을 차지하고 있는 실정이다.

최근 이 분야에서 떠오르는 매체가 바로 '벙글vungle'이다. 벙글의 비즈니스 모델은 앞서 설명했던 보상형 동영상 광고 네트워크의 전형이라고 볼 수 있다. 게임 제작사나 광고 매체 등에서 벙글의 동영상 광고를 시청하면 포인트나 아이템과 같은 보상을 주는 형태이다. 이렇게 하여 제작사는 광고비의 일부를 받게 되며 사용자는 제작사가 제공하는 포인트나 아이템을 얻을 수 있기 때문에 최근 게임업계를 중심으로 각광을 받고 있다.

크로스미디어 형태

크로스미디어 형태는 동영상이 나오는 형태가 디지털이지만 실제 표현되는 미디어는 디지털 기기가 아닌 경우를 의미한다. 가장 쉽게 예를 들 수 있는 형태가 IPTV* 이다. 그림74 지금은 상당히 많은 세대에서 IPTV를 즐기고 있지만 이 방송이 인터넷 회선을 통해서 들어오고 있다는 것을 인지하고 있는 사람은 생각보다 많지 않은 것 같다. IPTV는 그 이름에서 나타나듯 인터넷 회선을 통해서 화면과 소리를 제공받는 디지털 방송이라고 보아야 한다. 그렇기 때문에 IPTV의 사업자들이 'KT', 'SK브로드밴드', 'LG U+' 등 통신사들인 것이다.

IPTV는 셋탑박스에서 디지털 신호를 처리하기 때문에 이론적으로는 인터넷에서 할 수 있는 기본적인 활동은 이 셋탑을 통해 대부분 가능하다. 주로 활용하는 기능은 VOD** 보기, 노래방 기능, 게임 등이며

* Internet Protocol Television. 인터넷 회선과 규약을 활용한 텔레비전을 의미한다.
** Video on Demand로 다시보기 등 원하는 시점에 원하는 프로그램을 볼 수 있는 서비스를 말한다. 즉 방송처럼 프로그램이 시간순서에 따라 흘러가는 것이 아니라 사용자가 원하는 시점에 프로그램을 볼 수 있도록 하는 서비스이다.

그림74 ▶

나스미디어 (2015. 6)
2015년 상반기 IPTV
광고시장 동향

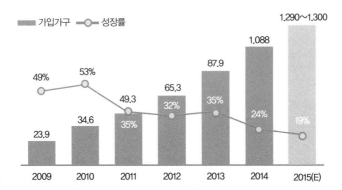

연도별 IPTV 가입가구

(단위:인 가구)

■■■ 가입가구 ─○─ 성장률

1,290~1,300

1,088

87.9

65.3

49.3

34.6

23.9

49% 53% 35% 32% 35% 24% 19%

2009 2010 2011 2012 2013 2014 2015(E)

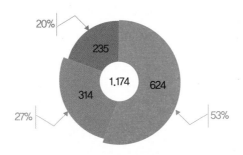

각 사별 가입가구 비율

(단위:면 가구)

20%

235

1,174 624

314

27% 53%

■ olleh tv ■ B tv ■ U+TV (2015년 5월 말 기준)

그림75 ▶

VOD 광고 vs. 지상파
프로그램 전 CM

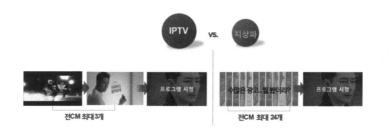

출처: 올레TV 광고상품 소개서

그림76 ▶

실시간 지상파와 IPTV
VOD시청 비교

■ **시청 추이 비교**

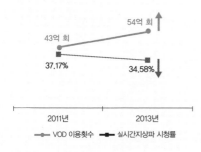

54억 회

43억 회

37.17%

34.58%

2011년　　　　2013년

━●━ VOD 이용횟수　━■━ 실시간지상파 시청률

■ **연령별 이용률 비교**

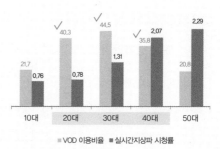

	10대	20대	30대	40대	50대
VOD 이용비율	21.7	40.3	44.5	35.8	20.8
실시간지상파 시청률	0.76	0.78	1.31	2.07	2.29

■ VOD 이용비율　■ 실시간지상파 시청률

출처: U+ TV 매체소개서

이밖에도 포털, 검색엔진에서의 검색이나 유튜브 콘텐츠 검색 등 다양하다(비록 셋탑박스의 속도가 느리고 화면 해상도의 차이로 인해 실제 많이 이용하는 기능은 방송보기와 VOD 수준에 머무르고 있긴 하지만).

IPTV의 가입 세대수는 이미 1천만 세대가 넘어선 지 오래되었기 때문에 크로스미디어 동영상 플랫폼으로는 가장 많이 이용되는 형태라고 볼 수 있다. 특히 한국에서는 스마트TV나 애플TV 등의 이용이 활발한 편이 아니다 보니 크로스미디어 동영상 플랫폼으로는 IPTV가 단연 압도적인 마켓쉐어를 차지한다고 하겠다.

IPTV가 아무리 디지털 동영상이라고는 하지만 사실 이용하는 행태나 미디어가 전통 미디어의 그것과 거의 유사하다. 따라서 IPTV가 케이블TV나 지상파 방송 등과 과연 어떤 차이가 있겠는가 하는 질문이 있을 수 있으나 실제로 IPTV에서 광고를 집행한다는 것은 다른 케이블TV 또는 지상파에서 광고를 하는 것과 다소 다르다고 볼 수 있다.

우선 IPTV 광고의 가장 큰 특징은 VOD를 기반으로 한다는 것이다. 즉 실시간 방송의 광고는 IPTV의 영역이 아니다. IPTV 광고라고 하면 기본적으로 VOD 광고를 의미하며 그 밖의 몇 가지 양방향 광고도 포괄적으로 의미한다.

VOD 광고라는 측면에서 볼 때 어떠한 점이 실시간 방송광고와 다를까? 우선 사용자들의 이용행태, 즉 실시간 방송을 이용하는 사용자와 VOD를 이용하는 사용자는 의도성의 측면에서 다소 차이가 난다. VOD를 이용하는 고객은 지상파처럼 흘러가는 콘텐츠를 즐기는 것이 아니라 특정한 콘텐츠를 자신이 의도적으로 선택했다는 점이 있다. 그러다 보니 보다 광고주가 원하는 타깃 프로그램에 대해 충성도가 높을 가능성이 있으며 광고 시청 역시 지상파에 비해 충실하게 할 여건이 된다(프로그램이 시작되기를 기다리므로).

또한 IPTV는 프로그램 시작 전 광고가 적다는 장점이 있다. 적게는 1개에서 많게는 3개까지 한계가 있다 보니 지상파에 비해 광고수가 적다. 광고수가 적다고 해서 주목도가 높거나 상기도가 높다고 확언할 수는 없지만 아무래도 많은 광고를 지겹게 보고 있는 것과는 차이가 있을 것이라고 추측해볼 수 있다. 그림75

추가로 채널 재핑Zapping*에 대한 이슈인데, IPTV 광고에서는 적다. 일반 지상파 방송을 볼 때는 광고가 나오는 동안에 다른 채널로 이동했다가 다시 오는 행위를 많이 시도하지만, IPTV에서는 다른 채널로 이동하면 원하는 VOD 콘텐츠를 볼 수 없기 때문에 타 채널이나 VOD 콘텐츠로 넘어갈 가능성이 매우 낮다. 이런 강점이 있다 보니 광고 혼잡도가 낮으며, 20~30대의 VOD 이용 횟수 증가와 맞물려 동영상 광고 미디어의 면모를 과시하기 시작했다. 그림76

과거에는 이런 장점에도 불구하고 IPTV의 보급률이 낮았기 때문에 그다지 각광을 받는 미디어가 아니었으나, 통신사들의 적극적인 마케팅 공세에 힘입어 보급률이 크게 높아지고 성공사례를 창출하면서

* TV를 시청할 때 광고가 나오거나 관심 없는 콘텐츠가 나오면 다른 채널로 계속해서 이동해 원하는 콘텐츠 부분만 보는 행위

그림77 ▶

요기요 IPTV 광고는
대표적으로 성공한 사례다.

IPTV 광고의 지속 성장 가능성에 청신호가 들어오게 되었다. 특히 배달 전문 앱 업체인 '요기요'의 IPTV 광고가 크게 성공을 거둔 것이 컸는데, 요기요는 일반 TV광고 전에 20~30대가 주로 일반 TV보다 VOD 이용에 익숙한 점, 그리고 특정 시간대에 주문이 몰리는 점, 영화나 드라마, 예능 등을 시청하면서 배달음식을 주문하는 것에 착안해 IPTV의 인벤토리를 시간대별, 프로그램별로 나누어 다량의 인벤토리를 구매했다. 그림77 그 결과는 대단히 성공적이었는데, 실질적으로 월 매출 평균이 30~35% 증가하고 본격적으로 잘 나올 때는 매출이 90% 향상되는 수준까지 있었다고 한다. 이 사건을 계기로 IPTV 광고의 효용성이 입증되었다.

그림78 ▶

나스미디어 (2015. 6),
2015년 상반기 IPTV
광고시장 동향

연도별 IPTV 광고 규모

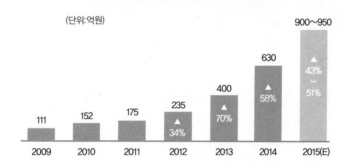

(단위:억원)

900~950

630
▲
43%
―
51%

400
▲
58%

235
▲
70%

175
▲
34%

152

111

2009   2010   2011   2012   2013   2014   2015(E)

각 사별 광고 취급고 비율(E)

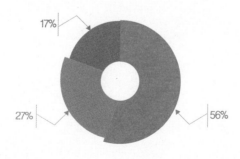

17%

27%

56%

■ olleh tv   ■ B tv   ■ U+TV

IPTV 이용가구의 증대와 '요기요'가 증명한 IPTV 광고의 효용성은 IPTV 광고시장의 급성장으로 이어졌다. 그림78 사용가구의 증가는 있었지만 광고의 효용성이 완전히 증명되지 않았던 2009~2012년까지는 큰 성장이 없었지만, 2013년부터 크게 성장을 거듭해 이제 1천억원 대의 광고시장 형성을 앞두고 있는 것이다. '포텐 터졌다'는 말은 이럴 때 쓰는 게 아닐까?

6

동영상 광고
인벤토리의 활용 실전

앞에서 모든 인벤토리를 커버했다고 말하기에는 어렵지만 다양하게 동영상 광고를 집행할 수 있는 인벤토리들을 소개했다. 동영상 광고 인벤토리는 일반적으로 생각하는 것보다 다양하고 그 장단점이 명확한 편이기 때문에 다양하게 집행하기보다는 우리 브랜드에게 어떤 것이 맞고 어디에 집중해야 하는지를 판단하는 것이 매우 중요하다. 우선 브랜드가 어필할 수 있는 또는 하고 싶은 대상이 어떤 계열의 사람인지, 그리고 그 브랜드가 가진 속성이 무엇인지를 파악해야 한다. 마케팅에 원론적인 부분이고 광고를 하는 사람이면 누구나 할 수 있는 이야기이지만 매체 위주로 빠져들다 보면 '뜨는 매체'에 집중하다가 정작 브랜드가 필요한 인벤토리가 아닌 방향으로 흘러갈 수 있기 때문에 항상 이 부분을 명심해야 한다. 자, 그럼 어떻게 실제로 활용해야 할까?

필요한 예산과 도달의 관점에서 보면 대략적으로 '그림79'에서와 같이 생각해볼 수 있다. 물론 많은 돈을 투여할수록 어느 매체에서든지 넓은 도달을 얻을 수 있다는 건 당연한 이야기다. 그 수준을 넘어서서 좀 더 적합한 동영상 광고채널을 구분해보자는 것이다. 여러분은 이

그림79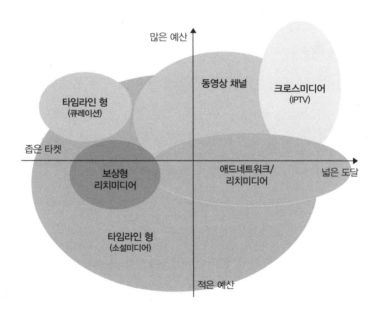

예산, 도달 관점에서의
동영상 광고채널의 선택

많은 예산

타임라인 형
(큐레이션)

동영상 채널

크로스미디어
(IPTV)

좁은 타겟

보상형
리치미디어

애드네트워크/
리치미디어

넓은 도달

타임라인 형
(소셜미디어)

적은 예산

차트를 보자마자 아마 이런 생각을 할 것이다. '과연 많은 예산과 적은 예산을 구분 짓는 지점은 어디일까?' 이는 동영상 광고를 하려면 매체를 구입하는 데 돈이 얼마나 있어야 할지를 묻는 질문이다. 엄밀히 말하자면, 매체를 구입하는 데 있어 '비용을 얼마나 들여야 효과적인가?'에 대한 답은 없다. 어느 정도나 마케팅 예산이 있는지, 거기에서 어떤 대상에게 얼마만큼 커뮤니케이션을 하고 싶은지, 어느 기간에 할 것인지, 캠페인의 성향은 무엇인지 등에 따라서 매체 구입의 방향성이 결정되기 때문이다. 이런 관점에서 질문을 약간 수정하고 단순화시켜보자면, '매체로 쓸 수 있는 돈이 얼마 있는데 어떻게 구매하면 될까?'가 올바른 질문이라고 하겠다.

여기에서는 예산을 하나의 매체에 1개월에 2~3천만원 투입이 가능한 경우를 기준선으로 잡고자 한다. 중간 선의 기준이 그 정도에 있으니 그보다 위에 있다면 하나의 매체에 2~3천만원 이상 투자할 수 있는 경우이며, 그 이하는 그보다 적은 예산일 경우 집행할 수 있는 매체를 의미한다. 즉 브랜드의 예산에서 동영상 미디어에 투입할 수 있는 비용이 하나의 매체에 2천만원을 넘지 않을 경우에는 타임라인형 중에서 소셜미디어, 애드네트워크, 보상형 리치미디어 정도를 고려해볼 수 있다. 그러나 1천만원에 미치지 못할 경우에는 소셜미디어 정도를 우선 고려할 것을 권한다. 하나의 매체마다 쓸 수 있는 비용이 2~3천만원과 같이 다소 애매한 상태에서는 캠페인이나 브랜드 또는 제품의 목적이나 타깃의 분포를 고려해야 한다. 예를 들어 특정한 대상을 핵심 타깃으로 노리는 '게임'이라면 '보상형 리치미디어' 쪽을 고려하면서 소셜미디어의 타깃팅 기법을 활용하는 방법을 택할 수 있을 것이다. 반면에 일반적인 브랜딩에 보다 가까운 제품이라면 동영상 채널과 애드 네트워크를 활용하는 것이 좋은 방법이 될 수 있다.

여기에서 매체를 나눈 기준은 해당 매체가 가지고 있는 광고상품의 단가와 구매방법에 따른 것인데, 예를 들어 2천만원이 예산이라면 큐레이션 형태의 매체는 3천만원 미만의 상품이 없으므로 집행이 어렵기 때문이다. 또한 도달 측면에서는 매체별로 어필할 수 있는 타깃 층의 범위 또는 타깃팅의 발달수준 등을 전반적으로 고려했다. 하지만 여기에서 유의해야 할 점은 여기 나와 있는 기준 자체는 예산과 도달범위에 따른 대략적인 분류일 뿐, 캠페인의 목적이 더 중요하며 매체의 특성도 고려해보아야 한다는 것이다. 아무리 금액과 도달범위가 맞는다 하더라도 브랜드의 타깃 대상이 아닌 사용자가 주를 이루거나 캠페인의 목적 자체가 다르면(예를 들어 유튜브 채널로 사람들을 많이 끌어들이는 것이 목적이라면 굳이 다른 매체에 비용을 더 많이 투여할 이유가 없다). 이대로 집행하는 것이 의미가 없거나 효율을 높이지 못할 것이기 때문이다.

캠페인이나 동영상 광고의 기간으로 볼 때 어느 정도의 지속성 있는 캠페인을 할지에 따라서, 어느 정도의 예산이 투여될 수 있는지에 따라서도 전략은 달라진다. 그림80 우선 캠페인의 지속성이 길거나 또는 후속 캠페인으로 이어질 것을 염두에 두고 있다면 소셜미디어나 동영상 채널이 상당히 적합한 매체일 것이다. 동영상 채널에서도 유튜브와

그림80 ▶

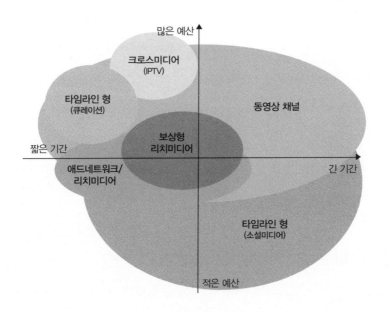

기간과 예산의 관점에서의
동영상 광고채널 선택

많은 예산

크로스미디어
(IPTV)

타임라인 형
(큐레이션)

동영상 채널

짧은 기간

보상형
리치미디어

애드네트워크/
리치미디어

긴 기간

타임라인 형
(소셜미디어)

적은 예산

같은 경매형 인벤토리 구매 매체에 더 적합하다고 볼 수 있는데, 그 이유는 다음과 같다.

- 소셜미디어와 유튜브 같은 경매형 인벤토리는 예산에 따른 기간 설정이 비교적 자유롭다. 예를 들어 1개월 안에 2천만원만큼의 광고를 소진하는 것으로 정해져 있지 않고 2천만원을 1년으로 설정해도 가능하다.
- 소셜미디어나 유튜브의 경우, 리타깃팅(또는 리마케팅으로도 불린다)이 가능하다. 다른 매체는 동영상 부분에서 리타깃팅을 하기가 다소 어려운 측면이 있지만, 소셜미디어나 유튜브의 경우는 매체가 사용자 계정 정보와 같이 직접 사용자의 데이터를 가지고 있거나 쿠키*류를 활용해 데이터를 수집한다. 특히 계정 단위로 리타깃팅을 하는 경우는 쿠키를 활용하는 것보다 훨씬 정확도와 신뢰도 측면에서 높다고 볼 수 있는데, 쿠키는 지워지지만 계정은 탈퇴하지 않는 이상(심지어 탈퇴를 해도 한동안 보유하지만) 데이터가 사라지지 않기 때문이다.

리타깃팅을 할 경우에는 다양한 갈래로 사용자들을 분류하고 그 분류결과에 따라 광고소재, 송출 방향성 등을 잡을 수 있다는 강점이 있다. 그림81 동영상 리타깃팅 광고는 캠페인이 길고 다양한 광고소재를

---

* 쿠키란 사용자들이 인터넷을 이용할 때, 그 사이트가 사용하고 있는 서버에서 사용자의 컴퓨터나 스마트폰과 같은 디바이스에 설치하는 기록 정보파일이다. 사이트 방문기록이나 계정정보 자동입력 등 다양하게 정보를 담을 수 있다.

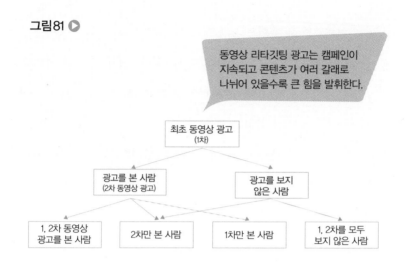

그림81 ▶

동영상 리타깃팅 광고는 캠페인이 지속되고 콘텐츠가 여러 갈래로 나뉘어 있을수록 큰 힘을 발휘한다.

최초 동영상 광고
(1차)

광고를 본 사람
(2차 동영상 광고)

광고를 보지
않은 사람

1, 2차 동영상
광고를 본 사람

2차만 본 사람

1차만 본 사람

1, 2차를 모두
보지 않은 사람

보유하고 있을수록 힘을 얻을 수 있다. 예를 들어 1차 동영상은 브랜드에 대한 이야기를 주로 하는 동영상이고, 2차 동영상은 좀 더 구체적으로 제품의 특장점에 대해 설명한 동영상이라고 하자. 물론 일반 타깃팅도 최초 동영상 광고를 집행할 때부터 잘 설정해야 하며, 이 타깃팅을 통한 동영상 1차 광고집행이 종료되는 시점부터 리타깃팅이 시작된다. 1차 동영상을 본 사용자들은 브랜드에 대해 어찌되었든 노출이 된 사람들이고 일정 시간 동영상에서 머물러 있었으므로 관심이 있을 법한 사용자일 가능성이 높다. 그래서 이들을 대상으로 2차 동영상 광고를 집행하는 것이다.

1, 2차 광고를 모두 본 사람은 가장 가망성이 높거나 충성도가 높은

고객으로 분류하고, 2차만 본 사람들은 1차에 비해 제품에 대해 관심이 높은 고객으로 추정해 다음 동영상을 준비할 수 있다. 1차는 보았는데 2차 동영상을 보지 않은 사람은 금액 측면에서 도달이 잘 이루어지지 않았을 가능성도 있지만, 기능적인 부분에 대해 설명하는 영상에는 별다른 반응을 보이지 않고 브랜드 영상에서의 어떤 요소에 반응했을 가능성이 높다. 때문에 아주 충성스러운 사용자가 될 가능성이 높지는 않으나 1차 동영상에서의 요소들 중 이들에게 어필하는 부분이 있다는 것을 수 있다. 그리고 1, 2차를 모두 보지 않은 사람은 도달이 안 되었거나 도달은 되었는데 아무런 관심이 없는 사용자들이기 때문에 다른 방법으로 접근을 시도하거나 핵심 타깃에서 제외하는 방법을 사용할 수 있다.

이처럼 리타깃팅을 진행하는 경우에는 여러 가지 시나리오를 만들고 그 시나리오별로 광고소재를 적절하게 배치하여 핵심 사용자 층의 관심을 더욱 높이는 방향으로 운용할 수 있다. 다만, 예산이 너무 적으면 리타깃팅이 불가능하다고 보아야 한다. 왜일까? 리타깃팅의 시작점이 되는 것이 바로 최초 동영상 광고이기 때문에 최초 동영상 광고에서 많은 모수를 확보하는 것이 중요하다. 그러다 보니 너무 적은 예산으로는 리타깃을 하기에 충분한 모수가 확보될 수 없으므로 최소한의 모수를 확보하기 위해서 일정 규모 이상의 예산이 집행되어야 하는 것이 필수이다.

반면에 짧은 기간에 고도로 집중된 캠페인을 진행할 때에는 일반적인 동영상 매체나 애드 네트워크, 크로스미디어 플랫폼 등을 생각해볼 수 있다. 짧은 기간에 바이럴이 많이 되길 원한다면 큐레이션미디어도 고려해봄 직하다. 다양한 미디어에 노출함으로써 사용자에게 대세감을 형성시키고 광고를 인식시켜, 이를 통해 브랜드의 인지도나 제품의 우수성을 알리는 것이 중요하기 때문이다. 차근차근 집행해 나가기 보다 대대적인 인지 확산을 노릴 때 적합한 전략이라고 하겠다.

이는 짧은 기간에 예산이 많이 투여되기 때문에 매체 효율성으로 보면 다소 떨어질 수 있으나, 많은 매체에서 나오는 만큼 단기간에 효과를 극대화시키기에는 가장 좋을 것이다. TV를 틀어도, 모바일 앱을 구동해도, 소셜미디어를 봐도, 네이버에서 동영상을 봐도 여기저기서 나온다면 아무래도 처음에는 별로 관심이 없던 사용자도 점차 광고에 대해 관심을 가길 가능성이 높아진다. 또한 광고소재가 잘 제작되었다면 사용자들 간의 구전효과도 잘 이루어질 수 있다. 여기에 부가적으로 큐레이션미디어에서 제공하는 색다른 방향의 동영상이 제공될 수 있다면 단순히 브랜드가 외치는 마케팅 메시지 이외에도 다양한 관점과 메시지의 동영상이 제작되어 사용자들의 눈길을 끌 수 있는 기회가 될 것이다.

결국 매체는 돈을 얼마나 쓰느냐의 게임인 것은 분명하다. 특히 단기간에 효과를 보려면 말이다. 하지만 여기에서 빠진 것은 콘텐츠 그 자체가 갖고 있는 잠재력과 파급력이다. 이런 잠재력과 파급력은 광고 인벤토리를 구매하는 것만으로는 아무래도 한계가 있다. 콘텐츠가 보유한 힘이 강하면 강할수록 사용자들 간의 공유를 통해 유료 매체를 동원하는 것보다 훨씬 높은 효율성을 확보할 수 있을 것이다.

Digital
Advertising

cial

Mobile

Internet

IPTV

Digital OOH

7

**동영상 콘텐츠
마케팅의 핵심**

앞에서 우리는 동영상 마케팅이 어느 정도로 중요한지, 디지털 동영상 채널은 어떤 흐름을 가지고 있으며 어떤 목적으로 사용할 수 있고 어떤 방법으로 쓰는지, 광고는 또 어디에서 어떻게 할 수 있는지에 대해 여러 모로 알아보았다. 실제로 동영상은 최근 마케팅 기법 중에서 가장 핫하게 주목받는 분야인 '콘텐츠 마케팅'에서 가장 핵심이 되는 형태라고 볼 수 있다. 동영상으로 보여주는 몇 초가 텍스트로 보는 몇 문단보다 훨씬 강하게 뇌리에 남을 수 있기 때문이다.

과거에는 하나의 동영상에 온 힘을 쏟아서 강한 메시지를 만들어내는 것이 동영상을 활용한 마케팅 활동에서 중요한 부분이었으나 이제 양상이 달라졌다. 어떤 콘텐츠를 어느 플랫폼을 중심으로 커뮤니케이션 할 것인지, 동영상 채널을 적절하게 활용하기 위해서 전략적인 구조를 어떻게 가져갈 것인지, 그에 맞는 광고로 무엇을 어느 정도 할 것인지 등 다양한 전략/전술적인 구조를 그려내는 작업이 반드시 선행되어야 한다. 물론 그 구조에도 콘텐츠에도 정답이 있는 것은 아니지만, 잘 계획해서 실행하지 않으면 아까운 동영상 콘텐츠를 마케터들끼리만 돌려보는 안타까운 상황에 놓이게 될 것이다.

마지막으로 지금까지의 이야기를 정리해 꼭 고려해야 하는 동영상 마케팅 요소를 생각해보자.

동영상 채널 운영의 목적

동영상 채널 운영목적을 먼저 생각해야 한다. 여기서 말하는 운영목적이라는 것은 '브랜드 인지도를 높이겠다', '판매를 향상시키겠다'라는 것보다는 좀 더 현실적으로 내려온 이야기다. 즉 이 동영상 채널을 운영함에 있어서 사용자들이 다양한 콘텐츠를 지속적으로 즐기게 할 것인지, 아니면 이번 캠페인에 집중포화가 필요하기 때문에 많은 조회수를 확보하는 것이 목적인지, 사용자들의 참여를 유도해낼 것인지 등 좀 더 낮은 단계의 목적을 생각해야 한다.

물론 이 낮은 단계의 목적은 전략적 목표와 일치되어 있어야 한다. 이 단계에서 동영상 채널이 필요한지, 운영한다면 동영상을 어느 정도 수준으로 만들어야 하는지, 그 퀄리티는 어떻게 가져갈지, 채널 자체를 운영하는 데 얼마나 역량을 투입할 것인지 등 다양한 전술적인 판단이 나오게 된다.

단기간 하나의 캠페인을 하는데 굳이 채널을 만들어서 운영하고 리타깃팅을 다양하게 설정할 이유는 없을 것이다. 하지만 오랜 기간 지속적으로 사용자들에게 영감을 주고 그것을 토대로 해 브랜드를 사랑하도록 만들겠다면 앞서 설명했던 3H 채널 전략, 동영상 길이의 전술적 판단, 채널 안에 들어가는 콘텐츠의 범위와 업데이트 주기, 그리고 각각의 역할까지 세밀하게 검토해야 할 것이다.

동영상 광고 플랫폼과 소재의 어울림

어떤 동영상 광고 플랫폼을 활용할 것인지도 무척 중요하다. 이를 위해 광고를 집행했을 때 효율성이 가장 높게 나타나는 곳이 어디일지 예측하고, 더 나아가 테스트 집행을 해보는 것도 필요하다. 제작된 콘텐츠의 성격이 해당 플랫폼을 이용하는 사람들의 콘텐츠 이용 기대심리를 반영하고 있는지도 면밀히 검토할 필요가 있다.

예를 들어 대단히 재미있고 웃기며 엽기적이라고 할 수 있는 수준의 영상으로 젊은 층에게 강하게 어필하겠다고 콘텐츠를 제작해놓고 IPTV를 주력 광고매체로 선정한다면 공유와 확산이라는 부분을 놓치기 십상이어서 아쉬울 수 있다. 또는 스토리텔링이 중요하게 작용하는 2분짜리 광고의 주력 매체를 인스타그램으로 한다면 어떻게 될까? 인스타그램 광고의 경우는 60초로 제한이 걸려 있어서 광고의 전반적인 스토리라인을 모두 보여줄 수 없다.

따라서 소재의 다양한 부분을 광고 플랫폼의 성격과 잘 맞을 수 있도록 판단해야 할 것이다.

일관성과 꾸준함

다소 생뚱하다고 여겨질 수도 있겠다. 마케팅에서 갑자기 꾸준함이라니? 하지만 생각보다 일관성과 꾸준함은 굳이 동영상이 아니어도 마케팅에서 가장 필요한 덕목 중 하나다. 그런데 이상할 정도로 '동영상' 분야에서는 일관성과 꾸준함을 잘 가져가지 못하는 경우를 많이 만난다. 아무래도 동영상을 제작하는 데 시간과 비용이 많이 들다 보니 하나를 만들 때 다양한 요소를 고려하지 않을 수 없을뿐더러 다음 제작 시까지 비어 있는 시간이 길어 트렌드가 지나버리는 경우가 종종 있기 때문인 것으로 보인다.

물론 트렌드를 반영한 동영상은 재미도 있고 사람들의 반응이나 공유, 확산을 이끌어내기에 좋은 부분이 많은 것이 사실이다. 하지만 이런 트렌드를 반영한 콘텐츠를 제작할 때도 채널이 가진 성격의 일관성을 놓쳐서는 안 된다. 가령 영화를 패러디 한다고 하면 시즌마다 영화가 바뀌어도 재미있는 트렌드를 반영해서 지속적으로 콘텐츠를 생산할 수 있어야 한다. 갑자기 웹드라마가 인기라고 드라마를 했다가 생각보다 조회수가 안 나온다고 다시 다른 패러디를 해보는 식이라면 일관성이 약해지므로 옳지 않은 방법이라고 하겠다.

무엇보다도 콘텐츠 구성에서의 일관성이 중요하므로 전체적인 채널 운영의 구성을 구상할 때, 일관성과 꾸준함을 갖고 커뮤니케이션할 수 있는 구조인가를 먼저 생각해보아야 할 것이다. 앞서 예시로 들었던

'레고'는 트렌드와 일관성을 조화롭게 녹여낸 적절한 사례이다. 잘된 성공 사례들을 다시 보면서 스스로 그 포인트를 정리해보면 유효한 시사점을 발견할 수 있을 것이다.

디지털 마케팅에서 핵심 돌풍의 주역 중 하나로 꼽히고 있는 '동영상' 분야. 사실 아직 무르익었다고 하기에는 전초전의 모습을 보이고 있으며, 브랜드들도 어떤 방식으로 들어가야 할지에 대해서 아직 확실하게 개념과 역할을 정립하지 못한 모습이다. 아직 많은 브랜드들이 TV 광고를 뒷받침해주는 수준으로 여기고 있고, 실제 동영상 콘텐츠들도 상당 부분 TV 광고를 재탕하거나 많이 가봐야 메이킹 필름 정도를 내는 수준에 머물러 있는 것이 사실이다. '바이럴 비디오'라는 이름으로 조금씩 디지털에 맞는 동영상 콘텐츠를 제작하려는 움직임이 보이기는 하지만, 정말 디지털을 이해하고 동영상 채널과 광고의 전략을 세우는 것이라기보다는 소셜미디어상에서 퍼지기를 바라는 영상 수준에서 더 못 나아가고 있는 아쉬움이 남는다.

앞으로 디지털 동영상 마케팅의 흐름은 하나의 콘텐츠가 재미있고 없고를 넘어서 동영상 브랜드십을 어떻게 구축하느냐의 싸움으로 변화되어 나갈 것이다. 즉 과거에는 하나의 동영상이 재미있었는지, 사람들의 반응을 얼마나 폭발적으로 이끌어냈는지에 대한 것이 동영상 마케팅의 성공기준이었다. 그러나 이제 동영상 채널이나 광고가 사용자들을 얼마나 잘 이끌어내는지, 브랜드와 사용자 간의 관계형성에 얼마나 도움을 주는지, 동영상에 대한 참여가 어떻게 일어나는지, 그리고 그것이 브랜드의 애착으로 발전해 나가는지가 더 중요해질 것이라는 뜻이다. 그래서 이제는 동영상을 콘텐츠 한 개가 아닌 '구조'로 보아야 하는 것이다.

이 책에서 말하고자 하는 핵심은 바로 여기에 있다. 동영상 마케팅에 있어서 광고는 말할 것도 없이 매우 중요하다. 특히 동영상 마케팅 파트에서 광고 없이 동영상 조회가 올라가기를 바라는 것은 정말 어려운 상황이 되어가고 있다. 그렇다고 해도 결국 모든 동영상에 엄청난 예산을 퍼부을 수는 없지 않겠는가? 구조적인 접근에서 광고가 합쳐졌을 때 동영상 마케팅은 보다 큰 힘을 발휘할 수 있는 것이다.

그럼에도 불구하고 수많은 동영상 채널과 전략, 광고상품 등은 많은 내용을 다 담아내기에는 어려움이 있었다. 모든 것을 다 설명해보아도 어차피 수개월이 흐르면 채널과 상품들이 변화하고 인벤토리 정책이 달라지기 때문에 이 책에서 모든 것을 다 설명하는 것은 지양했다. 다만, 이들을 카테고리로 나누고 그 계열마다의 장단점, 그리고 생각해볼 필요성이 있는 부분들을 정리함으로써 앞으로 채널이나 인벤토리가 변화되더라도 성격에 따라 전략/전술을 세우고 기본 구조틀을 만드는 데 참고할 수 있게끔 핵심적인 부분을 이야기하려고 노력했다.

이렇듯 디지털 분야는 변화가 거세고 빠르기 때문에 인벤토리 몇 가지를 아는 것보다 채널과 플랫폼의 역할과 활용방법을 더욱 중요하게 생각해보아야 할 것이다. 이 안에서 의미 있는 마케팅 전략을 발견해내고 과감하게 실행하여 의미 있는 전진을 이루어내는 것, 이것이 동영상을 활용한 콘텐츠 마케팅에서 가장 중요한 요소가 아닐까?

길게 썼지만 간단하게 정리하자면, 동영상 마케팅을 실행할 때 꼭 당부하고 싶은 것은 다음과 같다.

첫째, 반드시 동영상 마케팅을 할 때, '한 개의 영상의 퀄리티'를 생각하지 말고 전체 구조가 어떤 식으로 짜일지에 대해서 생각해야 한다. 그리고 그 구조틀 안으로 어떻게 사람들을 지속적으로 들어오게 할 수 있을지를 고려해야 한다. 틀이 잘 짜여 있다면 사람들은 지속적으로 브랜드의 소식을 전해 받는 것에 거부감이 없을 것이다.

둘째, 지나친 브랜드 색을 경계하되 브랜드가 콘텐츠 안에 잘 녹아 들어가 있어야 한다. 브랜드 색을 경계해야 한다고 해서 브랜드 콘텐츠인 것을 감추라는 뜻이 아니다. 사람들은 자기에게 도움이 되거나 재미있는 콘텐츠라고 여겨지면 그것이 브랜드에서 왔다고 해서 크게 상관하지 않는다. 따라서 유용한 정보나 재미를 주는 것에 집중하고 브랜드가 하고 싶은 이야기를 너무 광고처럼 직접적으로 하지 않는 것이 중요하다. 그리고 그 안에 브랜드나 제품을 자연스럽게 녹여내면 제품을 강조하더라도 사람들은 충분히 받아들일 의향이 있다.

앞서 예시로 들었던 '72초TV'의 '삼성페이' 영상을 보면 계속해서 제품과 브랜드를 강조하지만 사람들이 거부감 없이 재미로 이를 받아들인다(심지어 스스로 나서서 공유하기도 한다). 하지만 정보나 재미를 제대로 주지 못하는 상황에서 너무 브랜드나 제품을 강조할 경우에는 거부감을 일으킬 수밖에 없고, 이는 지속적인 콘텐츠 소비나 제품에 대한 인식변화를 가져오지 못하므로 지양하는 것이 좋다. 동영상 마케팅은 마케팅보다 동영상 콘텐츠가 중요하다. 동영상 콘텐츠가 그 자체로서의 목적을 달성(동영상을 끝까지 소비하게 하는 것)할 때, 마케팅 효과가 나타나는 것임을 잊어서는 안 된다.

셋째, 광고집행을 필수적으로 고려해야 한다. 다만 너무 많은 금액을 배팅하듯이 해서는 안 되며 적은 금액을 잘 나누어서 집행할 필요가 있다. 너무 많은 금액을 한 번에 사용하면 지속적인 집행이 불가능하기 때문이다. 적은 금액으로 기본 모수를 모은다는 생각으로 진행해야 하며, 광고의 반응에 따라서 예산을 잘 조율해야 할 필요가 있다.

리타깃팅을 적극적으로 활용하는 것도 좋은 방법이다. 예산이 적을수록 도달Reach을 획득하는 것보다 프리퀀시Frequency를 획득하는 편이 좋다. 널리 보여주는 것보다는 핵심적인 사람들이 더 많은 관심을 가질 수 있도록 반복적으로 보여주는 것이 좋다는 뜻이다. 최근 동영상 광고는 유튜브, 페이스북 등 다양한 매체에서 리타깃팅이 가능하도록 지원하고 있다. 따라서 광고는 계속해서 실험을 한다는 생각으로 관심을 보인 사람들에게 더 적극적으로 커뮤니케이션하는 방식으로 진행하는 것이 중요하다.

넷째, 콘텐츠를 제작할 때는 빠른 호흡과 늘어지지 않는 구성이 중요하다. 이는 콘텐츠 하나하나를 제작할 때마다 반드시 놓쳐서는 안

되는 부분이다. 따라서 편집이 사실상 굉장히 중요하다. 사람들의 집중력은 점점 떨어지고 있기 때문에 메시지를 어떻게 배치하느냐에 따라서 동영상의 효과는 크게 달라질 수 있다. 동영상을 시작하기 전의 섬네일 이미지부터 클릭을 해볼 만한 콘텐츠인 것처럼 잘 포장되어 있어야 하며, 동영상은 시작하면 초반에 반드시 관심을 사로잡고 확실한 메시지를 일단 던져놓아야 그 이후 시청이 보장될 수 있다. 편집의 호흡 속도는 빨라야 한다. 콘텐츠가 조금만 늘어져도 시청자들은 이탈해버리므로 적절한 긴장감을 유지하도록 제작하는 것이 중요하다. 동영상 자체의 퀄리티에 집중하기보다는 호흡과 스토리텔링, 메시지 전달에 훨씬 더 많은 노력을 쏟을 필요가 있다.

동영상 마케팅, 트렌드라고는 하지만 시도하자니 무엇부터 생각해야 할지 난감한 면이 있다. 콘텐츠부터 무작정 만들어야 하나? 그럼 어떤 것을 만들지? 어떤 사람이 이야기를 해야 하지? 무슨 배경이어야 하지? 어떤 카메라로 찍지? 편집은 어떻게 하지? 어떤 채널로 퍼뜨려야 하지? 광고는 해야 하나? 정말 많은 물음들이 한번에 떠오른다.

동영상 마케팅은 소재 측면(이미지, 텍스트, 동영상 등 콘텐츠의 종류)에 있어서 가장 시도하기 어려우나 가장 임팩트가 강한 분야라고 할 수 있다. 따라서 동영상 콘텐츠의 제작과 배포는 머지않아 필수적인 마케팅 방법으로 떠오르게 될 것이며, 이를 위해서라도 미리 대비하고 실험하여 인사이트를 얻는 것이 매우 중요하다. 아무것도 없는 상태에서 마구잡이로 시작하는 것보다는 이 책에서 제시한 방향성에 대해서 생각해보고 좀 더 깊이 정리한다면 성공적인 동영상 마케팅 사례를 만들어낼 수 있을 것이다.

　이 책이 조금이나마 마케터들의 고민의 짐을 덜어주는 계기가 되었기를 바라며 세상 모든 마케터들의 건투를 빈다.

모바일 동영상 마케팅

2016년 6월 1일 초판 1쇄 발행

—

지은이 | 경호빈
펴낸이 | 김남길

—

펴낸곳 | 프레너미
등록번호 | 제387-251002015000054호
등록일자 | 2015년 6월 22일
주소 | 경기도 부천시 원미구 계남로 144, 532동 1301호
전화 | 070-8817-5359
팩스 | 02-6919-1444

—

프레너미는 친구를 뜻하는 "프렌드(friend)"와 적(敵)을 의미하는 "에너미(enemy)"를 결합해 만든 말입니다.
급변하는 세상속에서 저자, 출판사 그리고 콘텐츠를 만들고 소비하는 모든 주체가 서로 협업하고 공유하
고 경쟁해야 한다는 뜻을 가지고 있습니다.
프레너미는 독자를 위한 책, 독자가 원하는 책, 독자가 읽으면 유익한 책을 만듭니다.
프레너미는 독자 여러분의 책에 관한 제안, 의견, 원고를 소중히 생각합니다. 다양한 제안이나 원고를 책으
로 엮기 원하시는 분은 frenemy01@naver.com으로 보내주세요. 원고가 책으로 엮이고 독자에게 알려져
빛날 수 있게 되기를 희망합니다.